337

调查与应对

——北京企业涉案案例分析及启示

汪洪　郭雯◎主编

知识产权出版社

全国百佳图书出版单位

图书在版编目（CIP）数据

337 调查与应对：北京企业涉案案例分析及启示/汪洪，郭雯主编 . —北京：知识产权出版社，2017. 10

ISBN 978 - 7 - 5130 - 5188 - 0

Ⅰ. ①3… Ⅱ. ①汪…②郭… Ⅲ. ①企业—知识产权保护—案例—北京 Ⅳ. ①D927. 103. 405

中国版本图书馆 CIP 数据核字（2017）第 244188 号

内容提要

自 20 世纪 80 年代以来，美国对中国发起的 337 调查愈演愈烈，337 调查也越发成为中国企业之痛。本书首次统计整理了北京市企业遭遇美国 337 调查的全部案例，综合评判案件的时间、领域、调查类型、调查结果等的分布情况，梳理案件的具体行业背景、调查程序、应对策略、调查结果，剖析案件在程序和应对策略上折射出的启示，并经行业专家进行专业点评。意在为中国企业在"走出去"过程中遭受 337 调查的预防和应对策略给出建议，并促进我国政府和行业协会对企业提供 337 调查救济机制的探索。

责任编辑：黄清明　韩婷婷		责任校对：王　岩
封面设计：刘　伟		责任出版：卢运霞

337 调查与应对
——北京企业涉案案例分析及启示

汪　洪　郭　雯　主编

出版发行：知识产权出版社 有限责任公司	网　　址：http：//www.ipph.cn	
社　　址：北京市海淀区气象路 50 号院	邮　　编：100081	
责编电话：010 - 82000860 转 8359	责编邮箱：hantingting@ cnipr. com	
发行电话：010 - 82000860 转 8101/8102	发行传真：010 - 82000893/82005070/82000270	
印　　刷：三河市国英印务有限公司	经　　销：各大网上书店、新华书店及相关专业书店	
开　　本：787mm×1092mm　1/16	印　　张：10.25	
版　　次：2017 年 10 月第 1 版	印　　次：2017 年 10 月第 1 次印刷	
字　　数：162 千字	定　　价：39.00 元	
ISBN 978-7-5130-5188-0		

本书编委会

主　　编：汪　洪　郭　雯

副主编：李　钟　夏国红

编　　委：张飞虎　于立彪　仲惟兵

编　　者：（按姓氏笔画排序）

仲惟兵　刘文霞　李　冰　吴　燕

张成龙　杨　杰　郑少君　姚　云

彭晓琦

点评专家：（按姓氏笔画排序）

马一德　北京市社会科学院研究员，中南财经政法大学文澜
　　　　特聘教授

舟瑞雪　美国科文顿·柏灵律师事务所（Covington & Burling
　　　　LLp）合伙人

刘海波　中国科学院科技政策与管理科学研究所研究员

孙　齮　小米科技有限责任公司首席法务官

李　贺　七星天（北京）咨询有限责任公司副总裁

杨国旭　中国国际贸易促进委员会专利商标事务所专利诉讼
　　　　与咨询处副处长

范　溯　纳恩博（北京）科技有限公司法务与知识产权部
　　　　总监

袁丹吉　美国约翰马歇尔法学院中国知识产权资源中心主任，美国乐博律师事务所（Loeb & Loeb LLP）资深顾问律师

薄守省　北京航空航天大学法学院副教授

统　　稿：李　冰　吴　燕　郑少君

审　　稿：于立彪　余碧涛

校　　稿：胡长青　胡功坡　田　振　杨　颖

前　言

　　知识产权制度通过立法赋予创新主体对创新成果以一定的垄断权，从而鼓励发明创造，提高创新能力，进而促进科学技术进步和经济社会发展。美国 337 调查制度是美国国际贸易委员会依据美国《1930 年关税法》第 337 节的有关规定，针对进口贸易中的知识产权侵权行为以及其他不公平竞争行为开展调查，裁决是否侵权及有必要采取救济措施的一项准司法程序。该制度作为美国单边贸易保护主义重要的手段之一，虽广为美国以外的其他国家和地区所诟病，但事实上已成为美国知识产权保护体系的重要组成部分，也是企业阻碍竞争对手进入美国市场的有效手段之一。

　　自中国加入世界贸易组织（WTO）以来，中美之间的贸易往来日益频繁，中美经贸关系对于两国乃至世界经济都具有重要意义，同时也是当今世界上最复杂的经贸关系。2015 年，中国已经是美国的第一大贸易伙伴，然而中美贸易中围绕知识产权的问题充满竞争与摩擦，特别是伴随着美对华贸易逆差的扩大及金融危机后贸易保护主义的升温，中美贸易摩擦日趋加剧。337 调查因具有全面的覆盖性、严厉的惩罚性、程序的特殊性和高效的救济性等特点，成为制约我国企业进入美国市场的主要障碍之一。中国已连续多年成为遭受 337 调查案件最多的国家。

　　本书由北京市知识产权局、国家知识产权局专利局专利审查协作北京中心联合策划并由北京国知专利预警咨询有限公司组织编写，翔实全面地整理北京市企业遭遇美国 337 调查的案例，综合分析评判 337 调查案件中涉及北京市企业的时间、领域、调查类型、调查结果等，真实反映北京市企业应对 337 调查过程中经历的调查程序、应对策略选择以及后续结果评价，从中整理归纳案件在程序和应对策略上折射出的启示，并由专家进行点评。

　　"博观而约取，厚积而薄发。"编者旨在通过 337 调查案例汇总编写，提供给企业管理者、政府和行业协会相关人员、知识产权从业人员、国际贸易从业人员、律师，以及知识产权研究人员等有益的参考信息，借此深入了解美国 337 调查制度和程序，为中国企业在"走出去"过程中遭受 337 调查的预防和应对策略给出建议，并促进我国政府和行业协会对企业提供 337 调查救济机制的探索。进而保障国内企业更好地参与国际市场竞争，帮助政府和行业协会完善 337 调查的救济机制，为国内科技和经济社会发展尽绵薄之力。

2017 年 8 月 8 日

目录 CONTENTS

337 调查情况概述

随着经济全球化和贸易自由化进程的发展，我国出口产品在国际市场上所占的份额持续增长，技术含量不断提高，中国企业对国外企业的竞争压力不断加大，并对其市场格局形成日益明显的冲击。贸易摩擦的经常化使中国企业成为贸易保护主义的矛头，越来越多的国家开始采取反倾销、反补贴和知识产权救济等措施对中国出口的产品设置贸易壁垒，限制中国产品进入当地市场，其中以美国的 337 调查最具有代表性。

337 调查是依据"337 条款"防止外国进口产品以不公平竞争方法或不公平行为侵犯美国国内的产业利益，对于已经被侵犯的美国产业给予相应的贸易救济的一项保护性措施。该条款最早见于美国《1922 年关税法》第 316 节，后经修改后的《1930 年关税法》第 337 节完整表述，建立和施行依据包括美国《专利法》《商标法》《著作权法》和《商业秘密保护法》。337 条款授权美国国际贸易委员会（International Trade Commission，以下称"ITC"）调查外国厂商对美进口行为中可能的不公平做法。该委员会允许专利权、著作权和商标权的权利人向其报告有可能的进口侵权行为，并为其提供排除令救济，以防止侵犯权利人知识产权的产品进入美国市场而侵犯在美企业的知识产权。337 调查的审理时间较短、认定不正当贸易的条件相对简单，其紧凑而复杂的调查程序、强硬的救济措施和高昂的应诉费用都给被诉企业带来较大的阻挠。

1.1 全球 337 调查的数量和趋势

1.1.1 案由分析

专利侵权是知识产权权利人申请 337 调查的最主要理由，如图 1 - 1 所示，2006 ~ 2015 年，每年单独以侵犯专利权为由申请启动 337 调查的案件数目在总申请数中的占比均超过 80%。

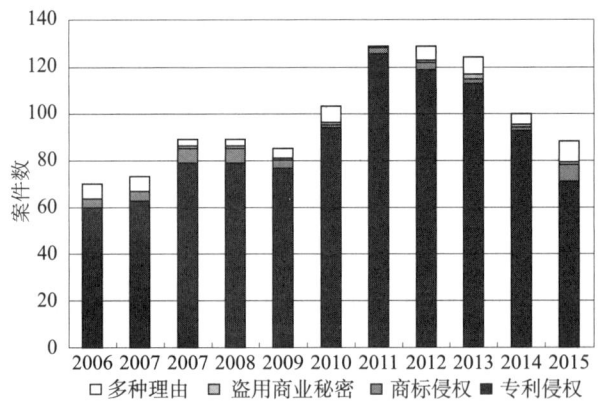

图 1 - 1 各财年 337 调查立案案由

说明："多种理由"意为一项调查案中申请人以超过一种不公平行为提出调查请求

在获得立案的专利侵权调查案件中，多数案件的涉案专利数不超过 8 项，表 1 - 1 显示了 2009 ~ 2015 财年涉及不同专利数目的调查案数目在当年立案调查量的占比。

表 1 - 1 各财年单件调查案涉诉专利数目分析

申请年份	1 ~ 2 项专利	3 ~ 4 项专利	5 ~ 6 项专利	7 ~ 8 项专利	9 项专利以上
2009	57%	27%	4%	8%	4%
2010	41%	29%	20%	4%	6%
2011	28%	29%	24%	15%	4%
2012	38%	31%	18%	9%	4%
2013	44%	19%	14%	17%	6%
2014	47%	33%	17%	0%	3%
2015	32%	27%	29%	12%	0%

1.1.2　行业分析

随着技术的发展，涉入 337 调查的产品结构不断升级，具有较大市场潜力、高附加值或高技术含量的产品更容易成为调查的对象。如表 1 - 2 所示，2006 年至今，机电产品均为当年全球发起 337 调查涉案最多的产品类型，其中最多的是计算机和通信设备；药物及医疗器械产品也有较高的份额，其占比在 2013 年和 2014 年均超过了 10%。

表 1 - 2　各财年调查案涉诉产品分析

	时间	2009 年	2010 年	2011 年	2012 年	2013 年	2014 年	2015 年
产品种类占比（%）	化学组分	2	0	1	2	2	2	0
	计算机和通信设备	17	19	25	27	35	27	27
	消费电子产品	10	12	15	18	4	6	9
	集成电路	12	14	6	16	2	5	5
	LCD/TV	7	14	17	4	0	5	5
	照明设备	7	3	5	2	5	2	2
	记忆产品	7	3	5	0	2	6	0
	药物及医疗器械	7	2	5	5	15	12	5
	打印设备	5	9	4	2	0	2	6
	其他	26	24	17	24	35	33	41

1.1.3　申请人分析

如图 1 - 2 所示，全球目前提起 337 调查的知识产权权利人已不限于实际实施专利的制造商，对于已完成研发或产品概念的企业或研究机构（即图 1 - 2 中的专利许可实体），尽管其未完成使用产品的量产，通过许可他人实施也可达到满足提起调查的要求。更有甚者，部分企业（即图 1 - 2 中的专利持有实体）通过购买而获得专利持有权，并据此向目标企业发起 337 调查或知识产权诉讼，通过达成和解、专利许可费或赔偿金获得经济利益。

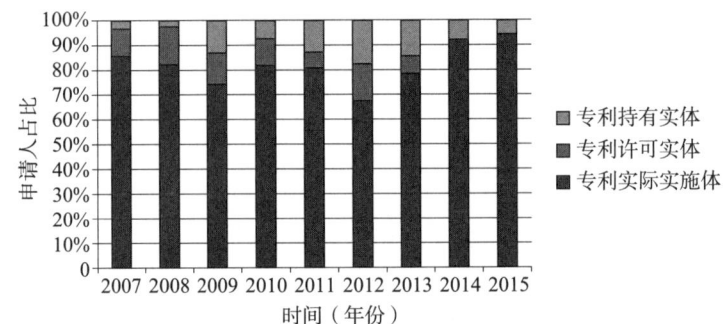

图 1-2　各财年提起调查案的申请人类型分析

1.2　北京企业的涉案特点

1.2.1　调查数量

　　1986 年立案的 337-TA-260 号 337 调查案是中国企业遭遇的首起 337 调查。在我国加入 WTO 以前，涉案企业主要来自中国台湾地区；入世以后，随着中美贸易的深入发展，越来越多的中国产品开始进入美国市场。2004 年之前，每年针对中国企业的 337 调查不超过 5 起；在中国对美出口贸易不断增长的大背景下，美国的知识产权权利人越来越频繁地使用 337 条款对本土市场进行保护，中国已成为 337 调查的最主要调查对象。据统计，中国已连续多年位居"337 调查"涉案国家（地区）的首位，如图 1-3 所示，中国企业涉案量占337 调查总量的 1/3，其中北京企业也是 337 调查被申请方的重要来源。

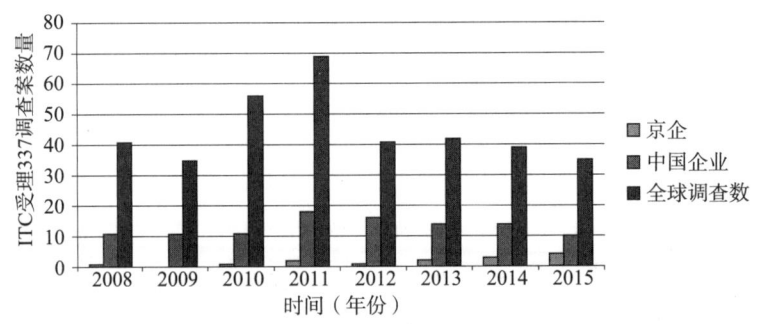

图 1-3　2008~2015 年 337 调查涉华案件数量

说明：1."京企"和"中国企业"仅统计涉诉企业作为被申请人的案件数；

　　　2. 337-TA-849 被申请人中的自然人的户籍所在地为北京，故统计在内。

1.2.2　案由及结案类型

专利侵权同样是知识产权权利人针对中国企业发起 337 调查的最主要理由，从 2009 年至今的 123 项立案 337 调查中，专利侵权案件占 117 项，超过 95%，其中 91 件调查程序终止。在这些已结案件中，有 34 件案件中至少部分来自中国的被申请人与申请人达成了和解，有 29 件案件中至少部分来自中国的被申请人以签署同意令的方式结案，有 20 件案件中 ITC 至少针对部分来自中国的被申请人发布了排除令，有 18 件案件中申请人至少对部分来自中国的被申请人主动撤诉，有 13 件案件中 ITC 至少裁定部分来自中国的被申请人不存在违反 337 条款规定的行为，目前中国企业的胜诉率仍处于较低水平。

如表 1 - 3 所示，在 2009 年至今立案的涉及北京企业的 12 件已结案 337 调查案中，京企以胜诉（包括申请人撤诉）结案的仅有 5 件，2 件案件收到了有限排除令或普遍排除令。

表 1 - 3　2008 ~ 2015 年 337 调查涉京企案件结案类型

申请年份	京企涉案总数	胜诉或撤诉	和解	同意令	败诉或缺席
2008	1	1	–	–	–
2010	1	–	1	–	–
2011	2	–	2	–	–
2012[1]	1	1	–	–	–
2013	2	–	–	1	1
2014[2]	3	1	–	1	1
2015[3]	2	2	–	–	–

说明：1. 2012 年立案的 337 - TA - 849 中自然人被申请人户籍所在地为北京，ITC 裁定该自然人未违反 337 条款的规定但对其企业发布了有限排除令；

2. 2014 年立案的 337 - TA - 935 中部分京企缺席，部分京企与申请人达成和解；

3. 2015 年立案的 337 - TA - 3053 中申请人在主动撤诉后不久另案再提调查申请，再次调查尚未结案。

1.2.3　缺席率

据统计，在 1986 年至 2008 年 10 月针对中国大陆的 86 件调查中，中国企业整体缺席的案件有 17 件，整体缺席率达 20%。其余的 69 件调查中，部分中国企业仍然采取了不应诉的方式。在 1986 年至 2008 年 10 月已结案的 68 件调查案件中，有 9 件被 ITC 裁决不违反 337 条款，其中 8 件调查中被告均应诉出席，只有 1 件调查中被告缺席但被裁决不违反 337 条款，缺席且胜诉的比率只有 11%。在 2009 年至今的 123 项立案 337 调查中，91 件调查程序终止，中国企业整体缺席的案件有 14 件，整体缺席率达 15%，相比 2008 年前略有下降，京企整体缺席率为 0%，还有 15 件调查案中部分中国企业仍采取了不应诉的方式。

1.2.4 涉案产品

早期北京企业的涉案产品多为轻工产品、土畜产等低附加值产品，而随着京企技术水平的提高和生产能力的上升，近年来，被调查行业囊括了机电、化工、冶金、机械、医药等多个产业，其中高附加值的机电产品和医疗器械产品占比显著增加，成为被调查的重点领域（见表 1−4）。

表 1−4 337 调查涉京企案件产品类型

申请年份	京企涉案总数	机电产品	医药或医疗器械	五矿化工	轻工产品	机械	林产、食品土畜
1986	1	−	−	−	−	−	1
1995	1	−	−	1	−	−	−
1997	1	−	−	−	1	−	−
1998	2	−	−	−	2	−	−
2002	1	−	−	−	−	1	−
2003	1	−	−	−	−	1	−
2007	2	−	1	1	−	−	−
2008	1	−	−	−	−	−	−
2010	1	−	−	−	−	−	−
2011	2	1	−	−	−	1	−
2012	1	−	−	−	−	−	−
2013	2	−	2	−	−	−	−
2014	3	2	−	1	−	−	−
2015	4	3	1	−	−	−	−
2016	4	2	1	1	−	−	−

说明：2016 年仅统计截至目前 ITC 已批准立案的以北京企业为被申请人的案件。

（撰稿人：仲惟兵）

第2章

京企涉入 337 调查典型案例

本部分重点介绍并分析以京企或在京个人为申请人或被申请人的 337 调查案件的应诉情况及裁决情况，其中 18 件案件已完成调查程序，由于近年电动平衡车企业连续涉案，本次调查也将相关案件列入案例集收载范围（见表 2 – 1）。

表 2 – 1   337 调查涉京企典型案例

案卷号	涉案产品	关联京企或个人
337 – TA – 260	皮毛大衣	中国土产和畜产进出口公司
337 – TA – 372	钕铁硼磁铁	北京三环新材料高技术公司
337 – TA – 398	多功能袖珍刀具	中国轻工业品进出口总公司
337 – TA – 406	镜头贴面薄膜包装	中国电影器材公司
337 – TA – 413	稀土磁铁及相关产品	北京京马新型材料有限公司；新环科技发展有限公司
337 – TA – 486	农用机械	北汽福田汽车有限公司
337 – TA – 604	三氯蔗糖及包含三氯蔗糖的甜味剂和其他中间成分	北京富邦信业化工有限公司；北京富邦信业贸易有限公司；北京格莱蒙特国际贸易有限公司
337 – TA – 608	丁腈乳胶防护手套	北京华腾橡塑乳胶有限公司
337 – TA – 664	闪存芯片及相关产品	联想集团；北京索爱普天移动通信有限公司
337 – TA – 713	显示设备包括数字电视和监视器	冠捷科技（北京）有限公司

案卷号	涉案产品	关联京企或个人
337 - TA - 773	动感声效器、图像显示器、零部件及其同类产品 337 调查案	联想集团
337 - TA - 780	手机及平板电脑保护壳	敦煌网
337 - TA - 849	橡胶树脂及其制备方法	杨全海
337 - TA - 890	睡眠障碍呼吸系统	北京怡和嘉业医疗科技有限公司
337 - TA - 901	手持式电子助视器	北京奥美达科技有限公司
337 - TA - 914	甲磺草胺、其组合物以及制作方法	北京颖泰嘉和生物科技有限公司
337 - TA - 920	集成电路以及含有同类组件的产品	联想集团
337 - TA - 935、1000、1007、3168	平衡车	纳恩博（备注：935 案被申请人纳恩博收购 Segway 后转变身份，作为申请人提起 1007 和 3168 案）
337 - TA - 949、3053	音频处理硬件、软件和产品以及含有同类组件的产品	联想集团（备注：949 案为申请人主动撤回 3053 案后再次提交）

2.1 337 - TA - 260 中国土畜产进出口总公司皮毛大衣 337 调查案

2.1.1 当事双方及行业背景

1. 申请人

Leinoff 公司是一家成立于纽约的毛皮公司，其产品的 80% 批发给销售商，其余直接供货给零售商。该公司以其持有的产品和制造方法的美国专利权（专利号 US3760424）为基础发起此次 337 调查，其 1/5 的产品与此案相关。

2. 被申请人

被申请人分别是中国土畜产进出口总公司、韩国 Jindo 毛皮公司、香港亚洲毛皮公司、香港 Excelsior 皮毛有限公司、香港 Tientsin 有限公司、希腊 Papadopouli kevrekidis公司、纽约 Papadopouli 公司、美国 sumry 进出口公司，以及希腊 Vassou 兄弟公司。

中国土畜产进出口总公司（下称"中土畜公司"）是我国土畜产领域唯一的大型国家级企业，成立于 1949 年 11 月 23 日，是我国最早成立的大型国有综合性外贸公司之一。公司总部位于北京，另外在境内外拥有几十家全资、控股和参股企业。中土畜公司拥有多个土、畜、茶产品著名品牌，其于 2004 年成为中国粮油食品（集团）有限公司全资子公司，商业模式由传统贸易转变为以资源控制性和品牌营销为主。

韩国 Jindo 毛皮公司是成立于 1973 年的世界知名皮毛服装公司。所属 Seven Mountain Group 公司自 1992 年起与中国企业进行合作和贸易往来，一直以来在海运、物流、建设等领域与中国企业保持着良好的合作关系。

3. 涉及技术和专利简介

涉案专利涉及一种毛皮大衣及其生产制造方法。申请人控诉被申请人侵犯了该专利的权利要求 1、5 的专利权，美国专利 US3760424 的权利要求书如下：

"1. 作为一件产品，组合皮毛是由从长毛皮子上切下的小毛皮条制成的，这些小毛皮条的顶部颜色较深，而在皮和顶部之间的剩余部分颜色较浅。连接条交替放在两个小皮毛条之间，并且宽度介于两侧小皮毛条宽度之间。而连接条的宽度要比毛深色部分的长度长，并小于整个皮毛的长度。这样一个小皮毛条就会越过连接条，并使深色部分盖在相邻的另一个小皮毛条的浅色部分，同时还露出了一部分皮毛，产生了条纹的效果。

2. 根据权利要求 1 所述的产品，连接条的侧边和皮毛的毛发方向夹角为 45°。

3. 根据权利要求 2 所述的产品，连接条是皮革。

4. 根据权利要求 3 所述的产品，包括额外的合成皮毛，描述或组成皮毛大衣或相似产品。

5. 一种生产毛皮大衣的方法，包括以下步骤：把一块毛皮切成基本等宽的条，切割的位置应该垂直于毛的正常朝向；保持这些条的相对位置不变，在它们之间插入基本等宽的嵌入条，嵌入条的宽度要比毛深色部分的长度长，并小于整个皮毛的长度；连接嵌入条和切割条的边可以组成一件毛皮，比原始毛皮长且宽，同时每个切割条上的毛越过嵌入条，深色部分盖住另一个切割条的浅色部分，并露出了一部分浅色皮毛，产生了条纹的效果。

6. 根据权利要求 5 所述的方法，包括额外的工序：通过重复上述步骤，生产大量的复合皮毛，并组装复合皮毛为一件大衣或相似产品。

7. 根据权利要求 5 所述的方法，第一步之后，皮毛条以原皮毛未切割的一边聚拢在一起。

8. 根据权利要求 5 所述的方法，所用皮毛是獾的皮毛。"

2.1.2　337 调查历史

1. 立案

1986 年 11 月 10 日，David Leinoff 和 David Leinoff 公司作为共同申请人（以下简称 Leinoff）向 ITC 提交了立案申请书，要求 ITC 根据 "337 条款" 启动调查。Leinoff 于 1986 年 11 月 24 日对申诉书进行了修订。申诉书指控包括中土畜公司在内的 10 家企业侵犯了其拥有的美国 US3760424 号专利，要求发布主要包括普遍排除令在内的救济令。1986 年 12 月 15 日，ITC 决定对 Leinoff 公司的上述申请正式立案，启动 337 调查，案卷号为 337 - TA - 260。

2. 初裁

1987 年 6 月 25 日，Leinoff 公司与纽约 Papadopouli 公司、希腊 Papadopouli keverkidis 公司达成和解，认可 Papadopouli 公司未侵犯其专利权。1987 年 7 月 1 日，韩国 Jindo 毛皮公司与 Leinoff 公司达成和解，协议约定韩国 Jindo 毛皮公司支付给 Leinoff 公司一定数量的专利费，进而获得专利许可。1987 年 7 月 30 日，香港 Tientsin 有限公司与 Leinoff 公司就和解协议达成一致。根据和解协议，香港 Tientsin 有限公司不再对美国出口该种样式的皮毛大衣，并赔偿一定损失。以上和解协议达成后，ITC 对希腊 Papadopouli keverkidis 公司、纽约 Papadopouli 公司、韩国 Jindo 毛皮公司和香港 Tientsin 有限公司的调查终止。

1987 年 6 月 10 日，ITC 的行政法官完成并发布初裁公告，认为美国授权专利 US3760424 的有效性并不存在问题，裁定涉诉专利权有效。1987 年 6 月 25 日，ITC 发布初裁决定终止对被申请人 Papadopouli 公司的调查。1987 年 7 月 13 日和 1987 年 7 月 21 日，ITC 决定不对上述两项初裁进行复审。

1987 年 9 月 24 日，行政法官作出的初裁决定主要包括如下内容：①被申请人韩国 Jindo 毛皮公司、香港 Tientsin 有限公司、香港亚洲毛皮公司、香港 Excelsior 皮毛有限公司、香港北京毛皮有限公司、纽约 Papadopouli 公司、希腊 Papadopouli keverkidis 公司、中土畜公司、美国新泽西 Sunry 进出口公司、希腊 Vassou 兄弟公司违反了"337 条款"；②同意申请人与韩国 Jindo 毛皮公司、希腊 Papadopouli keverkidis 公司、香港 Tientsin 有限公司，以及纽约 Papadopouli 公司达成和解协议。由于中土畜公司作为被申请人缺席 337 调查，最终被颁布普遍排除令而被排除出美国市场。

3. 终裁

ITC 于 1987 年 12 月 28 日颁发救济令，主要内容如下：①在该专利的有效期内，禁止侵犯权利要求 1 的皮毛大衣进入美国市场，排除进口行为获得专利权人许可的情况；②在该专利的有效期内，禁止采用权利要求 5 所述方法在国外生产制造的皮毛大衣进口美国市场，排除进口行为获得专利权人许可的情况；③在总统复审期内，被禁止进口至美国市场的相关产品，可按照其价格的两倍进入美国市场进行销售。

另外，ITC 发布排除令后，根据"337 条款"的相关规定，侵权产品在 60 日的总统审查期内仍可以进入美国，但将要受到严格的限制。限制的目的在于抵消被申请人的不公平竞争行为所带来的竞争优势。就本案而言，由于被申请人数量较多，申请人建议对被申请人均设定相同的保证金金额，且被申请人同一档次皮毛大衣批发价格比申请人低 440～1140 美元，建议将平均差价的 750 美元设定为对被申请人的保证金金额，或将售价的两倍作为对被申请人的保证金金额。前者设为固定值，后者设为比例值；ITC 调查律师建议将售价的 268% 设定为总统审查期对被申请人的保证金金额。最终 ITC 裁定将售价的两倍设定为保证金，以抵消被申请人的不公平竞争行为而带来的价格优势。

在产品的制作方法涉及侵犯对方方法专利的 337 案件中，仅就产品检验很难判断其是否采用侵权方法制造获得。因此，通常情况下 ITC 将发布普遍排除令，并要求潜在进口商自行证明其产品是采用不同于专利方法的方法制造获得，从而才获得进口美国市场的许可。本案中，行政法官认为采用 US37660424 权利要求 5 所述的方法是获得所述的"人工的"条状效果的唯一途径，因此，本案中对于方法权利要求，ITC 并未给潜在的进口商提供选择条款，而直接发布普遍排除令。

2.1.3 结论和启示

皮毛大衣案是我国企业遭受 337 调查的历史第一案，该案与当时中国的外贸体制关系很大，当时 337 调查的被调查对象主要来自日本、韩国、中国台湾地区、中国香港地区，由于中国内地产品当时均经由中国香港出口，使得中国内地企业也成为美国 337 调查的受害者。

在此案中，我们可以得出以下启示：

1. 积极应诉，并寻求和解

该案中中土畜公司采取了消极的应诉策略，缺席了 337 调查，也就丧失了与申请人谈判的权利，从而被终裁的普遍排除令排除出美国市场。作为对比，韩国 Jindo 毛皮公司、香港 Tientsin 有限公司等企业的应对较积极，通过支付专利费、赔偿损失或者限制出口数量等方式与申请人谋求和解，从而使他们的产品能够继续向美国出口。这些都是值得我们国内企业参考的应诉及谈判策略。

因此，如果企业不想放弃美国市场，则建议积极应诉，如果确实不能胜诉，也可以在应诉中谋求和解。

2. 通过缴纳保证金的方式在 ITC 裁决生效前继续出口

ITC 规定的保证金在两类情形下需要缴纳，按照缴纳方不同，可以分为申请人保证金和被申请人保证金。申请人启动临时排除令时，需要缴纳保证金；而在 ITC 裁决正式生效之前，如果被申请人希望继续出口被调查产品，则需要缴纳一定数额的保证金，该数量以能够抵消被申请人的竞争优势为标准进行衡量。在本案中，ITC 裁决保证金时综合考虑了申请人、被申请人和 ITC 调查律师的意见，最终将两倍的售价作为保证金。

最终裁决结果生效后败诉方所缴纳的保证金将归对方所有，因此，国内企业应当综合考量胜诉的可能性、市场重要性、保证金数额的多少等情况后决定在此阶段是否需要以缴纳保证金的方式继续出口。

3. 制备方法权利要求的普遍排除令

在 ITC 对制备方法发出普遍排除令时，基于产品制备方法一般无法由产品推知，因此，ITC 通常会给潜在的进口商留个开口。即如果潜在的进口商能够证明其产品采用了与专利不同的方法制备，则可以获得进入美国的许可。但如果 ITC 确定，该产品只能由专利方法制备，则 ITC 也会直接发布排除令，而不给潜在的进口商提供选择机会。例如在本案中，ITC 就认为权利要求 5 所述的人工条纹效果只能通过切割后再嵌入的方式产生，直接发布了排除令。

中国 20 世纪 80 年代正处于改革开放的起步阶段，中国企业应对 337 调查并无经验可寻，应诉能力有限，综合导致中土畜公司缺席 337 调查，被 ITC 判决普遍排除令，被迫放弃美国市场，导致较为严重的经济损失。中国遭受 337 调查至今已 30 余年，但直到近十几年才受到政府和企业的重视。一方面，随着改革的深入，我国政府对市场的宏观调控和行政管理能力日益规范和提升，对于企业的扶持力度逐步加大；另一方面，世界经济一体化和中国出口额逐年上升，我国企业开始重视并研究国际贸易游戏规则。

（撰稿人：彭晓琦）

案例评析

ITC 启动 337 调查的范围是针对"进口或进口货物销售过程中的不正当贸易行为"，对于这两种行为的解释十分宽泛，包括向美国货物的进口，以进口为目的的销售，以及所有人、进口商或承销商将货物进口到美国后在美国的销售等。本案 ITC 认定中土畜公司的行为构成"将货物进口到美国后在美国的销售"的证据，主要是基于其在 1985 年美国国际皮毛交易会设置的展示间内展示了侵犯申诉人专利权的皮毛服装，并且在听证会上，一位纽约的皮毛商人也展示了他从中土畜公司进口的皮毛服装。

构成"337条款"要求的"对美国的相关产业或贸易造成了实质性损害 (Substantial Injury) 或实质性损害的威胁",需要证明该产品的进口与未来潜在的实质性损害之间存在合理的因果关系,实质性的范围包括销售量的下降;进口量和增加进口的能力;市场份额的损失;客户流失;企业用工减少;产品的生产及利润降低;低价销售以及国内产能过剩等。在具体衡量时主要考虑因素包括国外的成本优势以及产品产量;进口产品迫使申请人压低价格的能力;渗透美国市场的意图或可能性。

本案行政法官认为本案的情形符合以上要求,皮毛大衣生产属劳动密集型企业,因此在远东生产的成本要远低于在美国本土生产的成本,允许这些侵权产品进口到美国有侵害国内市场的可能性,因此发出普遍排除令,阻止被诉产品进入美国市场。

自本案始,我国企业在近三十余年来屡屡遭受337调查,我国成为受调查最多的国家。随着我国对美出口产品技术含量的不断增加,可以预计针对中国企业的337调查将愈演愈烈。如何正确运用知识产权战略,变被动为主动,维护企业合法权益,已成为我国出口企业无法回避的问题。

(点评专家:马一德)

2.2 337-TA-372 北京三环新材料高技术公司钕铁硼磁铁 337 调查案

2.2.1 当事双方及行业背景

1. 申请人

本案申请人克鲁斯堡材料公司 (Crucible Materials Corporation) 成立于1876年,总部位于纽约州的 Syracuse,在世界各地设有分支机构。该公司曾成功制造美国历史上第一个电弧炉。一直以来,克鲁斯堡材料公司作为钢铁行业的主要参与者,主要从事高科技特种金属产品的制造和销售。本案涉诉专利 US4588439 由克鲁斯堡材料公司于 1985 年 5 月 20 日提出申请并于 1986 年 5 月 13 日获得授权，此专利主要涉及参数限定的永磁体合金产品，其授权权利要求 1 为 "一种永磁体合金，其基本上由以重量百分比计 30 至 36 的至少一种稀土元素，60 至 66 铁，6 至 35，000ppm 氧和余量的硼组成"。克鲁斯堡材料公司凭借所述专利权对北京三环新材料高技术公司、宁波科宁达工业有限公司等 8 家中外公司发起了 337 调查和专利侵权诉讼。

2. 被申请人

中国科学院物理研究所相关实验室经过对已有技术的再次研发，基本掌握了钕铁硼的生产过程。中国科技大学磁性材料专业的研究人员姚宇良带领 20 多名技术人员成功实现了将钕铁硼从实验室研究阶段向规模化生产的转化。在此基础上，1988 年 3 月，由北京三环新材料高技术公司、宁波联合集团总公司工业公司、宁波电子信息集团有限公司，以及美国屈达斯国际公司（Tridus International，Inc）联合组建的宁波科宁达工业有限公司成立。宁波科宁达工业有限公司成为中国最早的钕铁硼生产企业。20 世纪 90 年代初，宁波科宁达公司的技术人员探明了其引进设备的工作原理，进而结合公司生产特点和中国元器件特点实现自主开发、制造基础设备，成功研制了自动压机、气流磨等设备，其相关产品生产效能提高，市场竞争力提升。

北京三环新材料高技术公司成立于 1985 年，由中国科学院物理研究所研究员、现中国工程院院士王震西担任总经理。该公司成立后，充分利用中国丰富的稀土资源优势，积极参与产品研发和市场竞争，并于 1993 年分别取得美国通用汽车公司和日本住友特殊金属公司的钕铁硼烧结磁体专利许可，成为中国唯一获得该专利许可的企业。北京三环新材料高技术公司自此全面进入国际市场，并获得广阔的发展空间，产品畅销美国、欧洲、东南亚、韩国、中国香港以及中国台湾等国家和地区，公司的出口额呈逐年上升趋势，从 1993 年的 40 万美元发展到 1997 年的数百万美元。20 世纪 90 年代，北京三环新材料高技术公司已成为世界上五大钕铁硼制造商之一，是中国最大的钕铁硼研究、开发、生产和出口企业，具有年产 400 吨以上钕铁硼的生产能力，90% 以上产品供应出口。

3. 行业背景

钕磁铁（Neodymium magnet）也称为钕铁硼磁铁，是强力磁铁的统称，

化学式为 $Nd_2Fe_{14}B$，属于一种人造的永久磁铁，由日本科学家于 1983 年发明，是目前具有最强磁力的永久磁铁。钕铁硼磁铁是第三代稀土永磁材料，具有体积小、重量轻、磁性强和机械特性良好的特点，是目前性价比最高的磁体，在磁学界被誉为磁王。但钕磁铁的不足之处在于居里温度点低，温度特性差，易于粉化腐蚀，需要通过调整其化学成分和采取表面处理方法对其进行改进，才能达到实际应用要求。目前钕铁硼永磁材料在现代工业和电子技术中获得了广泛的应用。钕铁硼磁铁行业的核心技术主要体现在制造工艺上，具体体现在其产品的均匀性、一致性、加工质量、镀层质量等方面。中国得益于丰富的稀土资源，成为永磁材料和成品的主要出口国。

2.2.2 337 调查历史

1. 立案

1995 年 2 月，美国 US4588439 号专利的所有人克鲁斯堡磁性材料公司（Crucible Materials Corporation，以下简称 Crucible）向美国国际贸易委员会（ITC）提出申请，指控北京三环新材料高技术公司、宁波科宁达工业有限公司等 8 家公司对美出口、在美进口和在美销售的钕铁硼磁铁产品侵犯其美国 US4588439 号专利之权利要求 1～3 的专利权。ITC 于 1995 年 3 月 9 日确定立案并启动调查程序（《联邦公告》60 *Fed. Reg.* 12971），案卷号为 337 - TA - 372。

2. 裁决

在 ITC 受理后的调查过程中，1995 年 10 月 11 日，基于三环新材料高科技公司、宁波科宁达工业有限公司及屈达斯国际公司联合提出的同意不再对美出口、在美进口或在美销售侵犯涉案权利要求专利权的钕铁硼磁铁产品的单方面动议，ITC 颁布同意令。通过达成同意令，北京三环新材料高技术公司、宁波科宁达工业有限公司及屈达斯国际公司不再被视为本次调查的被申请人，ITC 对以上被申请人的 337 调查终止，并继续对其余的 5 位被申请人展开调查。行政法官在 1995 年 12 月 11 日作出初步裁决，认定以上被申请人的侵权事实成立。ITC 采纳行政法官的裁决，于 1996 年 5 月作出了侵权成立的最终裁决，并发布普遍排除令。

3. 诉讼程序

1996 年 3 月 4 日，克鲁斯堡材料公司诉称北京三环新材料高技术公司、宁波科宁达工业有限公司及屈达斯国际公司违反同意令内容，继续向美国进口并销售侵权磁体，就此向 ITC 提出执行申请。在经历了 1996 年 12 月 24 日的听证程序后，行政法官于 1997 年 1 月 17 日提交的判决建议中认为，被申请人在与申请人达成同意令后，并没有按照其内容减少侵权产品的进口及销售，在 1995 年 10 月 11 日至 1996 年 10 月 1 日间累计 33 天次违反了同意令。鉴于其具有主观恶意违反同意令的性质，建议 ITC 对其处以高额罚款，总额高达 162.5 万美元。被申请人对此提出抗辩，ITC 在接受了 3 项抗辩理由的基础上，采纳了行政法官的判决建议。最终裁定，在行政法官认定的 33 天中，被申请人共 31 天次违反同意令，ITC 对其处以 5 万美元/日的罚款，罚款总额为 155 万美元。

被申请人不服 ITC 终裁，就该终裁结果，向联邦巡回上诉法院提起上诉，认为 ITC 无权依据同意令的内容对被申请人作出惩罚决定。法院认为，《美国法典》规定，对 ITC 最终裁决的司法审查权归于联邦巡回上诉法院，且区分最终裁决是救济令或惩罚。同时，1930 年《关税法》337 条（f）所规定的究竟是地区法院的重新审查权还是单纯的程序性做法，属于一个法条解释问题。只要 ITC"符合相关的文意、目的和历史解释"，法院就将支持这一解释。且从参议院的相关报告和惯例分析可知，立法者希望 ITC 拥有与令状相称的自由裁量权，以确保其裁决的威慑力，因而仅在必要时通过地区法院协助执行令状。以上明确了 ITC 有权作出惩罚。《美国联邦行政法典》211.22 节（b）规定"同意令拥有与 337 条款 210 节、211 节中的其他令状一样的效力，可以被执行、修改、废除"。《综合贸易与竞争法》与现行的法律非常类似，同时，在《综合贸易与竞争法》制定过程中，参议院报告显示，国会授予 ITC 在已经达成共识的基础上，以签署同意令的形式，全部或部分地终结调查程序的权力。国会放弃多次修改该法规的机会，可以被合理地推断为国会同意该法规的运行。当事人行为方面，原告通过自愿和解达成同意令，终结 ITC 原始调查。如果一旦双方中的一方违反同意令，ITC 仅能够撤销裁决并作出其他裁决，那么同意令的作用将无法保证而趋于无效。因此，法院支持通过惩罚方式执行同意令，惩罚方式由 ITC 裁决，必要时将由联邦地区法院协助执行。法院根据以上理由维持了 ITC 的判决。

2.2.3 结论和启示

"同意令"是在 337 调查程序中承诺和解机制的体现之一，允许执法机关在符合公共利益的前提下接受相对人承诺以代替强制执法，"同意令"要求被申请人采取合规方案，作为交换，ITC 结束 337 调查。ITC 与被申请人协商后签发的"同意令"无须法院确认生效，是一种完全的公法契约。

在此案中，我们可以得出以下启示：

1. 关于同意令

美国《联邦规章法典》§210.21（c）规定，对一个或多个被申请人的调查可以基于一个同意令而终止。同意令的动议可以由一方当事人单独提出，也可以由双方当事人或不公平进口调查办公室调查律师提出，通常该动议应在开庭前提出，由 ITC 委员会综合考虑公共利益、涉诉行业的竞争情况等综合因素决定是否准许同意令动议。同意令对被申请人具有约束力，并包含某些特殊条款，例如签字的被申请人已承认所有法律事实、放弃司法审查以及对同意令的有效性提出异议的权利、遵守该同意令。此外，同意令还可以说明"被申请人签署该同意令仅为了和解，并不意味着被申请人承认存在侵权行为"。可见，同意令的本质是被申请人对 ITC 签订的协议，并由 ITC 监督同意令的执行情况。对于被申请人而言，可以不承认其行为违法，其作出的"同意"也不能作为其他诉讼（如对被申请人提起的反垄断诉讼等）中认定其违法的证据。

通过同意令虽然可以终止 337 调查，但当事人不应仅将同意令作为规避 337 调查的手段而忽视其效力。如果签署了同意令的被申请人未遵守同意令中的相关规定，则会使被申请人受到民事处罚，申请人可请求 ITC 启动执行程序。ITC 可在执行程序中修改同意令、处以罚款（每日罚款可高达 10 万美元）、撤销同意令并颁布制止令和有限排除令。

2.337 调查涉及的处罚风险

根据美国《国际贸易法》337 条款的规定，ITC 有权通过发布排除令而指示美国海关和边境保护局阻止侵犯美国知识产权的产品进入美国，排除令由海关执行；ITC 还可以通过发布制止令以禁止美国境内的公司从事某种被认定侵犯美国知识产权的行为，制止令由 ITC 执行。根据 337 条款，违反排除令不会受到罚款处罚，但违反制止令将受到每违反一天罚款 10 万美元或标的货物价值的两倍（以两者较高者为准）的处罚。对此，尽早提供规避设计产品并使其通过 ITC 或海关的裁定是涉诉企业避免处罚并减少对业务中断的影响的有效策略。

中国是稀土资源较为丰富的国家，鉴于稀土在现代工业中越发重要的作用，在知识产权储备不足的情况下，我国企业很容易沦为下游产品（初加工产品）出口国，而将高额利润拱手让给国外专利持有者。经过此次 337 调查后，我国政府和企业增强了对于拥有自主知识产权重要性的认识，致力于稀土永磁产业技术升级。北京三环新材料高技术公司研究部与中国科学院物理所国家重点磁学开放实验室密切合作，实现了高性能钕铁硼的自主研发，使稀土永磁产业不断向精细化发展。1998 年，在国家的大力支持下，国家磁性材料工程研究中心在北京昌平成立，其对于磁性材料的技术成果也给北京三环新材料高技术公司注入强劲的发展动力。此后，北京三环新材料高技术公司获得了一系列知识产权成果，产能和利润得到了扩大和提升。

（撰稿人：李　冰）

案例评析

1995 年的北京三环新材料高技术公司钕铁硼磁铁 337 调查案启示是多方面的。

本案可以看作以逆向工程为研发路径的企业、产品在走出国门后，在海外遭遇知识产权壁垒的典型。20 世纪 80 ~ 90 年代，在一些高精尖技术领域，我国与世界成熟技术或产品有着较大的差距，这一时期也成为国内科研机构和技术类企业密集地采用逆向工程实现技术赶超的一个时期。当逆向工程的成果通过商业运作进入市场成为产品之后，相关的企业如果将产品销售出海，也就面临着更多的海外侵权风险。由于逆向工程目前仍然是很多科研机构、企业普遍采用的研发方式之一，审视该案至今有其意义。

对于以逆向工程为主要研发路径的技术领域，取得技术突破就可能意味着侵权。由于这一风险的存在，在逆向工程破解某项技术/产品之前，需要对相关技术/产品的专利情况作出调查和分析，了解该技术/产品的专利布局情况、专利保护范围，明确侵权风险。这一工作，科研机构可能会在研发过程中忽略，但对于实际生产产品的企业来说，则非常有必要去做，在企业产品销售出海的情况下更是如此。本案中，北京三环新材料高技术公司的情况就很典型。中科院物理所、中国科技大学磁性材料专业的研究人员实施了对钕铁硼材料逆向工程并取得了成果。作为研发机构，他们既没有，也并不需要对该领域的专利侵权风险进行详细的调查；而作为使用该技术并生产相关产品销售至美国的三环新材料，则非常需要对该领域美国的专利布局情况进行分析，并评估可能的诉讼风险。北京三环新材料高技术公司正是因为缺少这一基础性工作，才在被美国竞争对手提出 337 调查申请之初，就陷入了被动。

在对该领域专利侵权风险进行评估之后，如果发现侵权风险较大的专利，企业可以通过多种方式来尽可能地降低诉讼发生的概率，如对产品进行规避设计、对自己在同技术路线上研发的新工艺和新技术申请专利保护等，必要时还可以在律师的帮助下与专利持有方接洽，寻求许可或交叉许可的可能。在本案中，北京三环新材料高技术公司值得肯定的一点是在案发之前取得了通用汽车和住友的专利许可，不过，取得许可并不意味着不会遭受来自其他对手的起诉。

企业应在进入他国市场前，在该国进行专利布局，建立自己的专利储备。拥有相关专利储备，才可能与竞争对手达成交叉许可协议，谈判才会有底气，同时间接避免专利诉讼和 337 调查的爆发。根据检索，被告北京三环新材料高技术公司和宁波科宁达工业有限公司在 1995 年，没有一件已授权的美国专利，甚至没有美国专利申请。这样的情况等同于"裸奔"，缺乏在谈判桌上与对手讨价还价的本钱。这种情况也使得三环新材料在遭遇 337 调查后 8 个月，被迫与原告达成不再对美出口、进口或销售相关被诉侵权产品的同意令。

在该案中，还有一个非常值得关注的点，是关于 337 调查的同意令。同意令的适用情形是被告在不承认自身法律责任的前提下，同意终止某些被控侵权产品的对美国的进口或销售，并以此结束 337 调查。根据《美国联邦规章典集》（CFR）第 19 章第 210.21（c）（3）（ii）节，同意令也以 ITC 其他救济措施命令的方式执行。这意味着同意令和 337 调查其他救济令有着同样的执行力度，不可轻视。然而北京三环新材料高技术公司和宁波科宁达工业有限公司却在同意令签署之后，违反同意令内容，继续销售相关产品到美国，这一行为使得自身最终遭受了 ITC 高额惩罚性赔偿的严厉判罚。这一情况的发生表明，作为被告的两家中国企业对不仅对 337 调查的严重后果认识不足，对其执行效力也缺乏足够的认知。

整体来看这一案件，今天的人们仍然能够感受 20 世纪 90 年代我国企业对海外知识产权环境极度缺乏了解的困顿。归根结底是我们的企业和研发人员在当时的环境下，对美国的市场规则、知识产权环境以及 337 调查的危害和应对之道太缺乏了解和认知。过去 30 年，在中国外向型经济的发展过程中，企业走出海外都需要去对他国知识产权风险进行补课，直到今天仍然如此。

（点评专家：李　贺）

2.3　337 – TA –398 中国轻工业品进出口总公司多功能袖珍刀具 337 调查案

2.3.1　当事双方及行业背景

1. 申请人

瑞士军品牌公司（Swiss Army Brands Inc.、Swiss Army Brand Ltd，以下简称 SABI）成立于 1974 年，主要从事手表、袖珍刀具、餐具和太阳镜等消费产品进口、制造和销售。该公司是 Victorinox 原装瑞士军刀，Victorinox Swiss 工具和 Victorinox 餐具的美国、加拿大（餐具除外）的独家经销商。SABI 还在北美销售自己的瑞士军品牌手表、太阳镜和书写工具、Bear MGC 刀和多功能刀具等。公司已经营销 Victorinox 原始的瑞士军刀和 Victorinox 餐具超过 60 年，是欧洲最大的餐具生产商。与竞争品牌不同的是，Victorinox Swiss Tool 设计有单独的弹簧来移动每个机具，锁定设备以在客户使用它们时安全地固定机具，以及在机械手外部放置机具，避免了消费者需要打开整个单元使用一个部分的缺点。SABI 公司的 1997 年销售额为 1.19 亿美元，亏损 400 万美元，而 1998 年销售额为 1.27 亿美元，利润 150 万美元。该公司将增长主要归因于其新产品的销售。到 1998 年 12 月，瑞士军方品牌的手表、太阳镜和书写工具占公司销售额的 50% 左右。来自 Victorinox 品牌的收入，包括瑞士军刀和多功能工具，约占销售额的 35%，R. H. Forschner 商业餐具产品约占 15%。在 1997 年底，该公司推出了 Victorinox 多功能工具，它类似于瑞士军刀，但是围绕着主要工具，如钳子或剪刀，而不是刀片。Victorinox 原装瑞士军刀是多功能手推刀，包含比标准手推刀更多功能的工具。例如，SABI 最受欢迎的 Victorinox 原始瑞士军刀模型，具有刀片、剪刀、指甲锉与螺丝刀、牙签和镊子。SABI 销售超过 70 种不同型号的 Victorinox 原装瑞士军刀，包含多达 35 种不同的工具。SABI 还提供为狩猎和户外市场设计的多功能锁刀 Victorinox Swiss Card，一种信用卡形状的功能仪器。2002 年 8 月，SABI 公司被 Victorinox 收购，成为世界屈指可数的袖珍刀具生产销售商。

2. 被申请人

中国轻工业品进出口总公司（以下简称"中轻总公司"）成立于 1952 年，是一家历史悠久、资金雄厚、具有良好商誉和发展前景的大型国有企业。从 1988 年开始自负盈亏，彼时拥有 600 万元自有资产，经历持续和快速的增长，至 2007 年底，公司资产总额已 45.39 多亿元，所有者权益 17.26 多亿元，实现进出口总额 120 多亿美元，国有资产总额增长了 756 倍多。在国内外贸轻工行业中，位居全国进出口 500 强前列，经营规模和实力均名列前茅。公司以国家经济转型战略为契机，突破传统"专业外贸公司"的局限，形成了轻工原材料、产品贸易及相关实业投资和新能源研发、制造及相关服务两大主业。袖珍刀具作为其外贸产品中的一部分，出口份额相对十分有限。

2.3.2　337 调查历史

1. 立案

1997 年 3 月 13 日，Swiss Army Brands Inc.、Swiss Army Brand Ltd. 和 Precise Imports Corporation 向美国国际贸易委员会（ITC）联合提交申请，请求发起涉及多功能袖珍刀具的 337 调查。SABI 公司主张，包括来自中轻总公司、Arrow Trading Co. 和 International Branded Cutlery，Inc. 在内的六家公司侵犯其 1734665 号、1715093 号、1636710 号、1636849 号、1636878 号、1636915 号、1636955 号、1642001 号、1642224 号美国注册商标，并且涉嫌商业外观盗用、商标淡化、仿冒、虚假指定原产地。1997 年 5 月 27 日，ITC 对此案正式立案调查。

2. 初裁和终裁

调查过程中，被申请人 Arrow Trading Co. 和 International Branded Cutlery，Inc. 提交抗辩理由认为，"Swiss Army" 的商标是大众普遍承认的不起商标作用的术语，"Swiss Army" 刀具的商标保护不符合美国相关法规的规定，是"不可用"的，其商标应被无效。与此同时，申请人 SABI 公司于 1992 年即开始对一名被申请人——Arrow Trading Co. 提起诉讼。在该诉讼中，SABI 主张由 Arrow Trading Co. 出售红色袖珍刀具属于不公平竞争行为。但在诉讼期间，地方法院已经认定 "Swiss Army" 刀具的商标保护是无效的。

1997 年 11 月 4 日，申请人 SABI 公司提出了撤回和终止调查的动议请求，被申请人中轻总公司同意并赞成该动议请求，双方达成一致。而被申请人 Arrow Trading Co. 和 International Branded Cutlery，Inc. 反对申请人撤回调查的动议请求，请求行政法官做出其注册商标无效的简易裁决。1997 年 11 月 16 日，行政法官作出了部分支持简要裁决动议的答复，并未支持被申请人 Arrow Trading Co. 和 International Branded Cutlery，Inc. 的请求。行政法官认为被申请人关于请求简易裁决的动议应在申请人撤回投诉和终止调查的动议之前提出，因而初裁同意申请人 SABI 公司撤回和终止调查的动议。被申请人 Arrow Trading Co. 和 International Branded Cutlery，Inc. 提出复审请求，委员会支持行政法官的初裁决定，不予复审。2010 年 12 月 23 日，ITC 作出终裁，不对行政法官的上述初裁进行复审，初裁结果转为终裁。

2.3.3 结论和启示

337 调查管辖的不公平竞争包括侵犯专利权、商标权、版权、外观设计和商业秘密权等，违反哈姆法案的行为，平行进口行为，淡化商标功能等。相对于专利侵权，以商标侵权为案由提起 337 调查的数量相对较少。

在此案中，我们可以得出以下启示：

1. 美国商标注册制度

美国现行商标法是 1946 年颁布的《兰哈姆法》（*Lanham Act*，15 *U. S. C.*），以后历经数次修订。美国各州均有商标立法权和商标的"州级注册权"，在各州注册的商标在本地区内得到保护，而联邦注册商标则可以在全国内得到保护。美国商标制度的独特之处以实际使用为原则，同时与申请注册相结合。

（1）对于商标的所有权，在美国获得商标所有权有两种方式：第一，为最先在产品或服务中使用该商标，即谁最先使用了该商标，谁就享有该商标所有权。需要指出的是，这种使用不能是一种象征性的使用，而是在产品上或服务中实际使用，且该商标必须附于产品上或载现于服务中。使用人将商标附在商品上并在美国两个州以上的市场上销售即可被视为"已经使用"。依据该在先使用原则申请注册登记的商标（使用证据可在申请时一并提交），在美国专利商标局（USPTO）确认没有异议（公布后 12 个星期）后就会颁布商标注册证，而不需要再递交其他声明。第二，使用人向 USPTO 提出善意使用该商标申请，在商标公布而未到异议的情况下，USPTO 将在该商标公布后的 12 个星期向申请人签发限期通知书，申请人就需要在限期通知书签发之日起 6 个月内在商务活动中实际使用该商标，不得虚假使用，并将使用状况呈送 USPTO 审查；或在六个月期满前，申请人还可申请展期 6 个月实际使用（可连续四次）。如果申请人在规定期间内实际使用了申请商标，其所呈送的使用状况获 USPTO 认可，USPTO 将向申请人签发商标注册证书。

但美国商标法也规定了例外情况，即后使用者也可以在一定情况下享有商标的所有权，直至商标所有权人的商品或服务实际开始存在于该地区或随即进入该地区，而其在此之前的后使用者的使用行为不构成侵权。此时，后使用者应同时满足以下三个条件：①后使用者在使用该商标时，先使用者还未向 USPTO 将该商标申请注册；②后使用者必须是善意使用者，即不知晓先使用者已开始使用该商标；③后使用者与先使用者在地域上相隔较远，属非自然延伸地带，即先使用者的商标还未在后使用者使用该商标的区域范围内出现，那里的消费者仍不知晓先使用者的商标。即便如此，后使用者也只能在该区域范围内享有商标所有权，不能将该权利延伸到其他区域。

（2）对于商标注册权，美国商标法规定商标注册权只能由最先使用者享有，其他人则无权享有。

（3）对于商标使用权，无论该商标是否已注册，也无论使用者是否出于善意使用，只要商标所有权人的商标在某一地区还没有出现，商标所有权人就无权阻止该地区的生产经营者使用该商标，但可以在计划或在该地销售该商标产品时要求当地商标后使用者停止使用该商标。但如果当地商标使用者在注册人注册该商标之前就已在使用该商标，而且对该商标享有在该地区的所有权，那么商标注册人（即商标最先使用者）也无权在该地区使用该商标，该地区的商标使用权只能归该地区的商标所有人行使。

2. 商标案的不侵权抗辩

侵犯注册商标（Registered Trademark）或普通法商标（Common Law Trademark）都属于 337 条款所称的不公平竞争行为。就侵犯注册商标而言，申请人只需证明其拥有该商标，以及侵权者的商标足以构成混淆即可；针对普通法商标，申请人还需证明该标志的独特性、任意性、非功能性、被赋予另外的含义以及消费者可能产生混淆。

在不侵权抗辩时，被申请人除可以从商标的差异性不会导致消费者可能混淆商品或服务来源的角度主张不侵权以外，还可以就商标的有效性和权属提出挑战。只有具有以下四种性质之一的商标才有可能取得注册权：①"想象"商标，即此商标纯系人为想象所构造的产物，不可能从现有的词典中找到；②"任意"商标，即此商标名称与其标示的商品或服务毫无联系；③"示意"商标，即此商标间接地暗示出其标示的商品或服务；④"描述"商标，即此商标直接描述其标示的商品或服务。但如果当商标名称成为其所标示商品的通用名称后，此商标权将被取消。

本案 Arrow Trading Co. 和 International Branded Cutlery，Inc. 不仅就对申请人 SABI 公司相关商标合理性进行质疑，成功使申请人撤回申请和终止调查，还就申请人撤回投诉的动议提出了反对意见，要求行政法官做出其注册商标无效的简易裁决。尽管 ITC 未支持被申请人的上述动议，但其反击已使得该公司全身而退。其策略值得中国企业借鉴。

（撰稿人：李　冰）

 **案例评析**

商标通常可以划分为想象商标、任意商标、示意商标和描述商标四类。想象商标、任意商标和示意商标被认为具有固有显著性，而描述性商标是描述商品功能、用途、大小或使用者类别的商标，只有在取得"第二含义"时才能够注册为商标并得到法律保护。

美国在判断一个商标是描述商标还是示意商标时最常用的方法是想象力程度测试法，消费者得出关于商品性质的结论所需的想象、思考和理解程度越高，该商标是示意商标的可能性越大。本案中尽管 Victorinox 和 Wenger 提供了大量证据说明"Swiss Army"并非多功能袖珍道具的通用名称，它能够并且已经成为识别 Victorinox 和 Wenger 产品原产地的商标，即使可能是描述性的，然而它仍然因为获得第二含义而成为强有力的商标，应当获得与想象商标、任意商标和示意商标相同或更广泛的保护。但是地方法院地方坚持认为"Swiss Army"刀具的商标保护是无效的，原因在于"Swiss Army"不等同于瑞士生产的多功能袖珍刀具，也不能代表多功能袖珍刀具具有高质量，其只是多功能袖珍刀具的通用名称，因此制造商 Arrow 不应被禁止使用上述词语描述其产品。

至于"红色手柄"这一特征获得法律保护的前提是其主要目的在于标示商品来源，即，除非"红色手柄"能够使消费者知晓该刀具是申请人，而不是其他人的产品。消费者并不需要知道商品来源的具体名称，但至少"红色手柄"能够使人联想到唯一的商品来源,但显然红色手柄并不具有这样的功能。数个被调查人销售的瑞士军刀的外观——红色手柄以及交叉盾牌的标志与申请人的产品在外观上有明显区别,且红色手柄作为产品的主要部分已经成为行业内通用的做法,若禁止制造商生产消费者满意的产品,则会让制造商在竞争中处于不利地位。另外在售价上被调查人的商品售价仅为申请人的十分之一,因此双方不构成竞争销售。

除因商标无效而不能主张侵权外,本案中申请人的产品中,只有在为用户特殊定制时才会用到美国产的零部件,也不足以构成对相关产业或贸易的实质性损害或实质性损害威胁。

针对中国 337 调查提起的理由中,绝大多数是基于专利权。但本案表明,近年来商标、版权和商业秘密,乃至于商业外观都已成为 337 调查的起诉理由,中国企业正面临更加严峻的挑战。遭遇 337 调查时,中国企业应当尽快拿起知识产权武器,增强核心竞争力,从被动消极到积极应诉,维护自己的市场份额,在国际市场竞争中占有一席之地。

(点评专家:马一德)

2.4 337 – TA – 406 中国电影器材公司镜头贴面薄膜包装 337 调查案

2.4.1 当事双方及行业背景

1. 申请人

富士胶片株式会社自 1934 年创建,发展至今已成为世界上规模最大的综合性影像、信息、文件处理类产品及服务的制造和供应商之一。截至 2006 年 3 月,公司净销售额为 236 亿美元,注册资本 3.77 亿美元,正式员工 75845 名,列 2006 年度《福布斯》全球 500 强企业第 313 名,《财富》全球 500 强企业第 258 名。富士胶片从 20 世纪 60 年代后期开始积极向海外发展,构筑了强大的全球生产、销售和服务网络。目前的富士集团包括富士胶片株式会社、224 家子公司和 40 家从事研发、制造、软件开发、市场和采购及相关经营活动的关联公司。以上子公司和关联公司分布于世界 200 多个国家和地区，海外销售额已接近净销售总额的 50%。富士胶片目前有三大事业领域，包含传统和数码两大产品群（胶片、照相机、相纸、化学药品、冲扩设备等），包含印刷系统、医疗系统、液晶材料、记录媒体等系列产品，以及由富士胶片的子公司富士施乐公司生产和销售的文件处理设备。

2. 被申请人

中国电影器材公司成立于 1951 年 7 月，是国家广播电影电视总局直属全国性影视器材贸易企业，属于国内最具影响力和商业信誉的国有电影器材贸易企业之一。1999 年 2 月与中国电影公司、北京电影制片厂等八家单位联合组成中国电影集团公司，成为集团成员旗下唯一从事电影器材贸易的公司。公司经过 50 多年的探索和发展，在影视器材的生产、供应、销售方面积累了丰富经验。中国电影器材公司与全国 30 多个省市电影器材公司、影视器材生产单位、影视创作单位建立了广泛的业务关系，并与世界 100 多个国家和地区的生产、代理商之间建立了贸易关系。公司的主要业务涉及影视器材、照明器材国内贸易、传统及数字影院工程、电影专业设备的进出口业务，电影胶片的进口贸易、影院设备及相关产品的出口贸易、经销医疗设备及感光材料、印刷设备及耗材；主办 BIRTV 国际广播电影电视设备展览会、专业信息发布、国内外专业展览组团；是集科技园区孵化器经营、仓储租赁、房地产开发与经营、物业管理于一体的综合贸易企业。

2.4.2 337 调查历史

1998 年 2 月 12 日，富士胶片株式会社（Fuji Photo Film Co., Ltd）向 ITC 提交申请，请求发起涉及镜头贴面薄膜包装的 337 调查。富士胶片株式会社主张，包括来自中国电影器材公司的共计 48 家公司侵犯其 12 项实用新型和 3 项外观设计的专利权，涉案专利包括 US4833495、US4855774、US4884087、US4954857、US4972649、US5063400、US5235364、US5361111、US5381200、US5408288、US5436685、US5434168、D345750、D356101 和 D372722。ITC 于

1998 年 3 月 25 日正式立案并公告。中国电影器材公司虽然应诉，但未在规定时间内提供有效证据，被判定未进入应诉程序。部分被申请人积极参与答辩应诉，并以专利权无效或产品不侵权抗辩，但是行政法官并未予以认可。1999 年 3 月 23 日 ITC 做出初裁，判定 US4884087 的权利要求 15 专利权无效，但被申请人对于其他专利权的侵权行为仍然成立。1999 年 5 月 25 日 ITC 做出终裁，支持行政法官的初裁结果，发布制止令和普遍排除令。

2.4.3　结论和启示

同其他贸易保护措施相比，337 调查具有申请门槛较低、调查时限较短（通常在 12～16 个月内审结）、应诉费用高昂、败诉后果严重等特点。337 调查的结果主要依赖于控辩双方所提交的证据资料，由于调查程序紧张，给予被申请人的准备时间很短，因此出口企业需要做好进入市场前的预警工作。

在此案中，我们可以得出以下启示：

1. 未雨绸缪，加强预警

首先，出口企业首先应当提高保护知识产权意识，增强自主研发能力，加大知识产权国内外布局，对自主研发产品除及时申请专利外，还要注意保存好设计研发相关原始记录文件。

其次，出口企业应注意做好产品出口前的知识产权预警工作，通过检索收集、整理分析与公司主要产品和主导技术相关的全球各个国家和地区的文献，判断公司在各个市场潜在的专利侵权风险，并对可能涉嫌侵犯知识产权的产品采取有效措施，做好应诉准备，如通过更换非专利方法或规避设计来避开侵权，也可以与专利权所有人谈判取得专利许可，或与美国进口商达成免责协议，合理利用仲裁条款排除 ITC 对案件的管辖。

再次，企业也应积极关注我国政府或行业提供的预警信息。由于 337 调查是针对进口产品发起的调查，一旦 ITC 发布普遍排除令，受该措施影响的还包括其他未在申请书中列出但可能向美国出口同类涉案产品的企业。因此，获知 337 调查案件的预警信息后，企业应迅速通过有关进出口商会、行业协会、律师或商务部进出口公平贸易局了解并核实申请书及相关附件的内容，结合申请书中的涉案产品描述及涉案知识产权的说明，与本企业对美出口产品分析对比，确定是否涉案。

2. 整合资源，积极应诉

337 调查中，申请人和被申请人的成本严重失衡，申请人无须缴纳任何费用，只要递交申请即可，而被申请人需要在收到文件 20 天内提交答辩，国外被申请人可以延长到 30 天。有鉴于此，我国企业在遭遇 337 调查时，应根据企业情况尽早做出是否应诉的决定。337 调查案件的应诉费用普遍较高，如果选择缺席不应诉，作为被申请人的企业的直接后果将是被 ITC 作出对被申请人不利的缺席裁决，缺席败诉将直接影响被申请人放弃美国市场，甚至导致同行业的产品被完全排除出美国市场。而且从长远看，应诉率低将助长竞争对手公司利用 337 调查压制我国企业出口的行为，导致滥诉的严重化。

一旦决定应诉，企业应迅速在企业内部组成内部管理团队，同时聘请律师，结合企业自身情况，确定应诉策略，开展应诉工作。根据争议性质的不同，证明"损害"不存在或证明"国内工业"不存在，或争取以合理条件和解，是取得理想结果的必经之途。此外，在部分案件中，申请人可能利用媒体渠道公开被申请人正面临 337 调查以影响涉案产品的现有或潜在的使用者或购买方，因此，决定应诉后，被申请人还应及时向外界或有关购买方发表声明，表明自己的立场和相应行动。

我国被申请企业应增强对于 337 调查的了解认识，尽可能利用 337 调查的规定，积极寻求对策，争取 337 调查胜诉的主动权。

（撰稿人：李　冰）

案例评析

这个案件有必要从三个角度予以考察。一是我国企业的情况。本案发生在近 20 年前，当时国内各方面知识产权保护意识都很薄弱，应对 337 调查的专业知识、能力、经验和勇气都很缺少，应对不力、惨遭失败也在情理之中。二是诉讼提起方富士胶片的情况。富士胶片在提起诉讼时已有 60 多年的发展史，在技术、市场、法律等方面积累颇丰。特别是 20 世纪 60 ~ 80 年代，日本企业在美国遭遇大量 337 调查以及其他类型的知识产权诉讼，在应对和使用 337 规则方面经验教训甚多。可以认为它在提起本案前已经做足功课，志在必得。三是美国 337 规则的特殊性。作为一种准司法机构，主管 337 调查的美国国际贸易委员会的首要职责是维护美国国内市场秩序，有效保护公平竞争，因此尽快采取有力措施取得实际效果是其工作目标。以上三个角度综合起来看，这个案例给我们的启示，正如在"结论和启示"部分说的那样，一是要未雨绸缪，加强预警；二是要整合资源，积极应诉。

（点评专家：刘海波）

2.5　337 – TA – 413 北京京马、新环科技稀土磁铁及相关产品 337 调查案

2.5.1　当事双方及行业背景

1. 申请人

1982 年，住友特殊金属公司（Sumitomo Special Metals Co. , Ltd. ，后成为日立金属的子公司，下文简称"日本住友"）的研究人员发现钕磁铁，1983 年，日本住友宣布申请了第一个钕铁硼成分专利。同年，美国麦格昆磁公司（Magnequench International，Inc. ，下文简称"麦格昆磁"）也宣布发明了钕铁硼磁体。两家公司还达成相互授权的协议，即双方可以在对方的专利权领域生产和销售钕铁硼磁体，而不必缴纳专利费用。经协商，日本住友取得了在欧洲和日本的专利权，麦格昆磁取得了在美国专利授权。这样一来，任何没有经过两公司授权的企业，均无法在美国、日本和欧洲生产和销售钕铁硼。麦格昆磁依赖其强大的专利垄断占据 80% 以上的市场份额，但其在欧洲和日本的成分专利和生产制造工艺专利均已经失效，美国的专利在 2006 年和 2007 年分别失效，钕铁硼成分的专利申请并未在中国通过。因此在中国制

造、销售和使用钕铁硼磁体并不涉及任何专利问题，但是我国企业的产品不能出口到专利覆盖区，否则构成侵权。

2. 被申请人

北京京马新型磁性材料有限公司，成立于 1992 年 12 月 26 日，主要经营生产和销售新型磁性材料及制品，公司注册资本 168 万元。新环科技发展有限公司主要经营钕铁硼永磁体、钕铁硼毛坯等，是北京永磁材料行业知名企业。

3. 行业背景

钕铁硼磁性材料，作为稀土永磁材料发展的最新结果，由于其优异的磁性能而被称为"磁王"。钕铁硼磁性材料又称磁钢，是钕、氧化铁等的合金。钕铁硼磁性材料具有极高的磁能积和矫力，以及高能量密度的优点，在现代工业和电子技术中应用广泛，推动了电声电机、仪器仪表、磁选磁化等设备的轻量化、小型化、薄型化。从磁铁技术的发展历史来看，19 世纪末 20 世纪初，主要使用碳钢、钨钢、铬钢和钴钢作永磁材料。20 世纪 30 年代末，铝镍钴磁铁开发成功，使磁铁的大规模应用成为可能。50 年代，钡铁氧体磁铁的出现，降低了永磁体成本，并实现了将永磁材料的应用到高频领域的跨越。到 60 年代，钐钴永磁的出现，为磁铁的应用开辟了新的时代。1967 年，美国科学家研制的钐钴磁铁标志着稀土磁铁时代的正式到来。稀土永磁经历第一代 $SmCo_5$，第二代沉淀硬化型 Sm_2Co_{17}，发展到第三代 $Nd-Fe-B$ 永磁材料。目前铁氧体磁铁仍然是用量最大的永磁材料，但钕铁硼磁铁的产值远超铁氧体永磁材料并在电子信息、汽车工业、医疗设备、能源交通等众多领域得到广泛应用，钕铁硼磁铁的需求量逐年增加，其产业规模也随之扩大。同时，在低碳经济浪潮的大势之下，世界各国都将低碳排放、环境保护作为关键科技领域，各国都对改善能源结构、发展再生能源、提高效率、节能减排、倡导低碳生活等方面给予关注，进一步为风力发电、新能源汽车、节能家电等低碳经济产业的发展提供了广阔的市场空间。因而，钕铁硼永磁材料的需求量预期将会进一步增长，行业和市场预期良好。

2.5.2 337 调查历史

1998 年 9 月 4 日，日本住友联合麦格昆磁向美国国际贸易委员会（ITC）

提交申请，请求发起涉及稀土磁铁及相关产品的 337 调查。申请人主张：包括来自北京京马新型材料有限公司和新环科技发展有限公司在内的十家公司侵犯其 US4851058（麦格昆磁持有）之权利要求 1、4、5、8、9 和 11，US 4802931（麦格昆磁持有）之权利要求 1—6、10、14—16 和 18—20，US 4496395（麦格昆磁持有）之权利要求 13—18，US4770723（日本住友持有）之权利要求 1—9、12—20、23—27 和 29—34，US4792368（日本住友持有）之权利要求 1—6、8—10、13—19、21—24、27—35 和 37—39，US5645651（日本住友持有）之权利要求 1—3、5、15、18、19、21 和 22 的专利权。

1999 年 6 月 9 日至 18 日行政法官进行预听证会议和证据听证会，由于涉案的两家中国企业并未应诉，1999 年 8 月 6 日，行政法官裁定北京京马新型磁性材料有限公司和新环科技发展有限公司侵权行为成立，并发布排除令。日本住友和麦格昆磁提请 337 调查的涉案专利权涉及稀土磁铁领域核心技术，被申请人抗辩并未被采纳，1999 年 9 月 7 日行政法官对其他涉案并参与应诉的被申请人发布初裁公告，认为申请人提出的被申请人的侵权行为全部成立。被申请人并未申请复审，终裁发布普遍排除令。最终，美国国际贸易委员"普遍排除令"生效，即除非取得住友（2003 年后为日立金属）或麦格昆磁的许可，否则任何违反以上美国专利号的钕铁硼产品均不可销售到美国，日立金属在 2003 年收购了日本住友公司，并同时取得住友在钕铁硼烧结方面的专利技术。其中，上述最后一项专利号就是在中国钕铁硼行业被称为"含钴专利"的日立金属核心专利，该项专利在美国有效期为 1999 年 7 月 8 日至 2014 年 7 月 8 日。我国企业因放弃应诉而败诉，行政法规裁定部分被告缺席，支持申请人提出的诉讼请求，同意初裁决定，发布普遍排除令。

2.5.3　结论与启示

中国的稀土永磁材料产量居世界第一，作为稀土生产和应用大国，中国目前拥有合计 200 余家钕铁硼企业，钕铁硼产量约占全球 80%。而全球只有五家钕铁硼企业，分别为德国真空熔炼公司、日立金属、TDK、越信化工、美国钼公司与日本三菱商社在日本共建的合资企业占据主导地位。

在此案中，我们可以得出以下启示：

1. 通过专利布局占据垄断优势

麦格昆磁公司和日立金属公司都拥有一套完整的企业专利战略,通过合理布局,企业可以最大限度地保持自己的技术、新产品竞争优势,实现利益的最大化。

在钕铁硼行业,基本专利就是钕铁硼的成分专利。本案的申请人正是凭借成分专利,长时间垄断黏结钕铁硼磁体和烧结钕铁硼磁体在美国、日本和欧洲的销售权;此外,通过对基本专利的技术作一定的技术改进,如添加或去除某种化合物,或增减其配比等,在一定的时机重新申请专利,则可达到延长专利保护期的效果。本案申请人就是在钕铁硼的基本成分专利里面添加各种新的元素达到上述目的,因此尽管麦格昆磁钕铁硼基本成分专利已经于2003年在日本、2006年在美国到期,但是其含钴专利的专利权却能在美国持续至2012年;日立金属公司含钴专利在日本持续至2008年,其钕铁硼化合物和钕铁硼含钴化合物专利分别在美国持续至2010年和2014年。围绕基本专利技术开发与之配套的外围技术,并在合适的时机申请专利,构建专利网也是企业维持竞争优势的有效方式。本案申请人申请的工艺专利就是专利网战略的重要组成部分,可在成分专利到期后进一步延续至专利保护期,对非专利授权企业或竞争企业构建贸易壁垒。

2. 缺席应诉的后果

337调查程序中,被申请人如果不应诉,可能会被认定为缺席被告。一旦ITC就某一被申请人做出缺席裁定,认定其违反"337条款",申请人在申请书中对缺席被申请人的指控将被认定是真实的,申请人可以据此向ITC提出对缺席被申请人立即采取救济措施。ITC可以在认为不影响公共利益的情况下,对缺席被申请人采取排除令、制止令或两者并取,这就意味着涉案的产品可能将长期甚至永久地失去美国市场。反之,积极应诉至少能够使涉案企业获得谈判的筹码,争取胜诉或与申请人庭外和解。

3. 加强知识产权积累

我国虽然是稀土储量、分离、销售大国,但是在稀土新材料应用领域的技术水平仍然存在很大的短板,尤其在知识产权方面的储备明显不足,这也是造成中国虽有丰富的资源储备,却不能拥有定价权的根本原因。从长远来看，我国市场消费结构向国外靠拢是大势所趋，新兴应用推动钕铁硼永磁行业需求增长，传统需求保持稳定，中高端钕铁硼永磁材料未来增长前景广阔。在我国拥有丰富的稀土资源，而产品具有广阔的应用市场的前提下，被提起337 调查给产业带来巨大影响。我国应重视对于自主知识产权的研发，继续加强新型稀土永磁材料的探索研究、加强高档稀土永磁材料及相关生产技术的研发，实现实质性突破，以期在关键技术方面拥有自主知识产权体系，扭转中国稀土磁铁行业企业在 337 调查中长期作为被申请人的不利局面，使我国稀土永磁材料产业能持续健康发展。

（撰稿人：刘文霞）

案例评析

北京京马、新环科技稀土磁铁及相关产品 337 调查案是另一件很有代表性的案件。

该案发生的日期也在 20 世纪 90 年代末，目前两家被告的中国企业北京京马新型磁性材料有限公司（以下简称"北京京马"）和新环科技发展有限公司（以下简称"新环科技"）均已不复存在。北京京马是在 2007 年 12 月被吊销了营业执照，而新环科技也早已被注销，在国家工商局的信息系统里已经查不到相关的企业资料，两家公司连官网都没有。经过检索，这两家公司在美国也没有专利申请。这一系列情况都表明，两个被告都属于规模小、实力弱的小微企业。

在有中国企业成为被告的 337 调查案中，面对国外竞争对手起诉之时，很多中国国内规模小、实力弱的小微企业往往选择直接放弃应诉。

这些企业有其自己的经济考量：一是承担不起高额的诉讼费用、律师费用；二是企业以加工贸易为主，本身也缺乏自有技术研发，全靠仿造相关产品，缺乏与对手谈条件的资本，应诉即等于败诉。在本案中即是如此。

小微企业有此考量而不应诉，有他们的实际情况，不过这些企业却可能因为其不应诉的行为，影响到相关产品整个领域。

在涉及专利的 337 调查中，不应诉一般都会被直接裁定侵权，面对排除令或禁止令（很多时候是两者同时存在）的处罚。而相较于禁止令，排除令的杀伤范围可能更大。

排除令主要针对侵权产品，分为"有限排除令"（Limited Exclusion Order）和"普遍排除令"（General Exclusion Order）两种。简单来说，前者是指禁止被告被裁定侵权的产品（包括生产或分销的产品）进入美国，由美国海关执行；后者则是指示美国海关禁止原告所主张的知识产权所涵盖的所有产品进入美国，而且无论这些产品是在哪里生产或由谁生产的。

由于普遍排除令的存在，相关产品整体被排除出美国市场。在本案中即是如此。住友和麦格昆磁通过这一案件获得了 ITC 颁布的"普遍排除令"，确立了自己在该领域对美国市场的垄断权。北京京马和新环科技的不应诉，不仅影响了自己，而且影响到了其他磁性材料企业对美国的出口和销售。

整体来看，小微企业在 337 调查中不应诉，实际上是一个"两难"的困境。

一方面，我国国内确实存在一些小型企业以仿制、"山寨"为生产和生存模式，并且把相关低价产品销售至美国。在这种情况下，这些"山寨"企业很容易被同领域的竞争对手所利用，被列为 337 调查的被告。只要这些企业不应诉而使得 ITC 认可原告关于普遍排除令的主张，那么便会使原告企业达成排除其他竞争对手进入美国的目的。中国其他企业尽管没有被列为被告，也可能受到普遍排除令的损害。

另一方面，337 调查的应诉成本很高而侵权成本很低，这使得以仿制、"山寨"为主的小微企业不断地侵权而不应诉，并因此而影响整个相关产品领域对美国的出口和销售。不仅仅是磁性材料，在过去的案件中，诸如打印机硒鼓、打火机等领域，均曾遭遇了因部分企业不应诉而产生的普遍排除令，一批生产同类产品的中国企业因此受到打击。

这个困境的根源复杂，要解决它，仅仅依靠知识产权领域的努力是不够的，这值得人们深思。

（点评专家：李 贺）

2.6　337 - TA -486、487 农用机械 337 调查案

2.6.1　当事双方和行业背景

在 2004 年我国农用机械出口额为 33.44 亿美元，同比增长 56.9% 的背景下，337 调查随之而来，ITC 相继发生两起针对我国农用机械的 337 调查案（见表 2 - 2），案由涉及外观设计和商标。

表 2 - 2　我国农用机械产业遭受 337 调查的概况

案件号	涉案产品	申请人	涉及我国企业	结果
337 - TA - 486	农业拖拉机、割草机、骑式剪草机及其构件	New Holland North America, Inc.（现为 CNH America LLH）	北汽福田汽车有限公司；山拖农机装备有限公司	有限排除令
337 - TA - 487	农业机车及其构件	Deere & Company, Moline, Ilinois	江苏悦达股份有限公司；东风农机基团；江铃拖拉机有限公司	和解，申诉人撤诉

1. 申请人

美国迪尔公司（Deere & Company）是全球最大的农业机械生产商，由约翰迪尔（CNH Global）创立于 1837 年，公司位于特拉华州。美国迪尔公司的业务遍及 160 个国家与地区，在全球员工超过 4 万名，2002 年，迪尔公司全球销售收入达到 139 亿元，在美国分布有超过 3000 个的授权分销商。

凯斯纽荷兰公司（CNH America LLH）由欧洲的纽荷兰公司与美国的凯斯公司于 1999 年合并成立，先后收购了德国芬特公司、英国麦赛福格森公司、美国卡特彼勒公司的农用橡胶履带拖拉机业务部门及芬兰维创公司。凯斯纽荷兰公司在全球拥有 11000 多家销售商。

2. 被申请人

江苏悦达集团是我国拖拉机生产的屈指可数的大型企业，年产拖拉机 9

万台，其生产能力和出口额均位居全国前列。并且，悦达集团在国内齿轮传动产品中品种最全、谱系最宽，稳居中国同行业前三强，是我国重要的大型拖拉机生产研发出口基地。

东风农机集团始建于 1952 年，前身是原常州拖拉机厂，是一家致力于研发、生产拖拉机及各类农机具的国有大型农业农机企业，是中国大中型轮式拖拉机、手扶式拖拉机的专业生产基地之一。1999 年，"东风""DF"商标被认定为中国驰名商标。2003 年 8 月 28 日，东风公司完成国有企业向民营企业的体制改制。

江铃拖拉机有限公司成立于 2002 年 5 月 29 日，是江铃汽车基团的下属子公司，位于江西省南昌市，主要从事拖拉机、汽车、农用车、专用（改装）车、发动机以及汽车零部件生产。

3. 行业背景

（1）世界农业机械产业

农业机械产业具有典型的国际性，每年全球都有近半数农用机械通过进口贸易方式获得。拖拉机和收割机是世界农机市场的主要产品，两者占据了农机市场的销售的相当份额。目前，全球最大的农业机械生产国有美国、中国和德国，排名其后的是意大利、印度、法国、巴西、加拿大、韩国。全球共有生产农业机械的企业 1500 余家，但该领域大部分市场份额都被世界排名前 15 位的相关企业占据，合资企业和制造商联盟仍是目前较为流行的生产方式。发达国家和地区是农业机械的主要销售市场。农机出口前七位国家为美国、德国、英国、法国、加拿大、意大利和日本，其出口量占世界农机出口市场的比例高达 70% 以上，2000 年至 2005 年，全球农业机械销售总额年均增长 6%。美国迪尔公司（Deere & Company）、凯斯纽荷兰公司（CNH Global）和美国阿格科公司（AGCO）是全球三大农业机械制造商，共占据了全球农业机械三分之一的市场份额。

（2）我国农业机械产业

我国农机出口占世界农机出口的比重较小，从市场占有率指数来看，我国农机产品国际竞争力不强，与世界农机出口大国之间存在很大差距，仅占美国、德国、日本等农机生产大国的 1/30 ~ 1/10。小型农机产品在一些发达国家和地区属于缺档产品，我国作为小型农业机械的生产国，小型拖拉机、排灌机械、小功率柴油机和耕播整地机械具有明显的价格优势，因而中国企业生产的小型农业机械在发达国家农机市场上具有较强的竞争力，排灌机械及其零件、内燃机及其零件、拖拉机及其零件，约占我国农机出口总额的70%。但中国制造企业并不具有相关的知识产权权利。

我国大中型拖拉机及零件主要出口企业包括中国一拖、江苏悦达盐拖、福田雷沃国际重工、约翰迪尔天拖、山东时风集团和常州东风等；柴油机主要出口企业包括江动集团、常州常发集团、常州机械设备公司、山东潍柴集团、山东巨菱集团、福州金飞鱼公司、山东东方内燃机公司和慈溪三环公司等；手扶拖拉机主要出口企业包括常州东风、浙江四方和山东常林等；农用运输车主要出口企业包括江西江铃公司、福田重工公司和安徽江淮汽车公司等。

在 337 调查前，2002 年，我国农机出口市场遍布世界六大洲 171 个国家和地区，对美国、印度尼西亚、日本等国家的出口额达到上亿美元。美国作为我国拖拉机整机出口的第二大市场和拖拉机零配件第一大出口市场，2002年我国对美拖拉机整机出口金额达 1102 万美元，我国对美拖拉机零配件出口金额达 5012 万元，占我国拖拉机零配件产值的 33%。我国中小马力柴油机的生产能力居世界首位，单缸柴油机从 1994 年出口 24 万台、总额仅 3418 万美元发展到 2002 年出口 85 万台、总额 1.05 亿美元的规模。拖拉机及其零件是世界农业机械市场最重要的出口产品，其出口额接近世界农机出口额的一半，而拖拉机及其零件也是美国迪尔公司的主导产品。2002 年，我国拖拉机及其零件出口由发展中国家向发达国家扩展，对美出口同比增长 33.99%。由于我国农业机械的价格具有非常大的竞争优势，我国农机企业抢占了很多中低端国际市场，对跨国企业形成了冲击。因此，发达国家以质量标准、环保标准、技术标准、反倾销、知识产权等各种形式的非关税壁垒限制我国产品的输入，337 调查就是其具体手段之一。

2.6.2　337 - TA - 486 纽荷兰农用机械 337 调查案

1. 立案

2002 年 12 月 27 日，纽荷兰公司向美国国际贸易委员会（ITC）提请 337

调查，认为我国企业北汽福田汽车有限公司和山拖农机装备有限公司涉嫌农用拖拉机、割草机和牵引机的商业外观侵权，要求 ITC 颁布有限排除令。ITC 于 2003 年 2 月 10 日，ITC 正式立案，案卷号为 337 - TA - 486。2003 年 3 月 19 日，行政官发布初步认定调查通知。

2. 裁决

被申请人北汽福田、山拖农机并未应诉，而被认定缺席审判，被推定为对侵权事实的默认。由于北汽福田和山拖农机已延迟所有的答复，申请人于 2003 年 4 月 2 日提请加快步骤，该案立即进入默认救济。ITC 的初裁认定被申请人北汽福田、山拖农机缺席，支持申请人纽荷兰公司提出的侵权申诉。2003 年 7 月 1 日，ITC 终裁支持初裁内容，并发布有限排除令。

2.6.3 337 - TA - 487 迪尔农用机械 337 调查案

1. 立案

2003 年 1 月 8 日，美国迪尔公司指控来自 5 个国家的 24 家公司对美国出口或销售的农产品车辆或部件侵犯其在美国的注册商标，并向 ITC 提起 337 调查请求。申请书中提及了 4 项美国迪尔公司所有的美国注册商标 1502103、1254339、91860、1503576，上述 4 项注册商标包括两类：一类是图形商标，由黄色和绿色构成的颜色组合及特定的组合方式；另一类是文字商标，由 JOHN DEERE 组成。另外包括记载于商标 2729766 中的商标 。2003 年 8 月 27 日，ITC 表示对行政法官作出同意申请人提出的将 2729766 号商标 加入申请书的动议的决定不予复审。申请人要求对存在侵权行为的国外涉案公司产品发布普遍排除令和制止令。被迪尔公司向 ITC 建议的被申请人包括 24 家公司，我国的江苏悦达集团、东风农机集团和江铃集团进出口公司位列其中，此外被申请人还包括荷兰、法国、德国、加拿大的 21 家公司。

迪尔公司在申请书中指称侵权行为主要涉及三类产品：装卸机、收割机和拖拉机。申请书中指控被申请人对美出口或在美销售的拖拉机造成了该颜色商标的"稀释"，侵犯了其黄绿色的颜色商标。被申请人的侵权行为包括两类：一类是指部分被申请人通过不规范手段进入市场，将迪尔公司授权在欧洲生产的产品进口至美国并在美国销售，造成美国市场消费者对迪尔公司产品的误解；另一类是指部分被申请人在中国生产和从中国进口并在美国销售的农用拖拉机侵犯了迪尔公司的颜色商标，引起消费者的误解，导致迪尔公司的声誉受损。我国的 3 家涉案企业均被指控存在第二类侵权行为。侵权产品中收割机和装卸机侵权主要涉及向欧洲和从欧洲向美国进口的产品，拖拉机侵权则主要涉及从中国进口的产品。2003 年 2 月 7 日，ITC 决定对迪尔公司的 337 调查申请正式立案，案卷号为 337 - TA - 487。

2. 应诉

应诉前，我国 3 家涉案企业考虑到其年均对美国出口总额较小（仅数百台），且 337 调查高昂的应诉费用，作为被申请人的中国企业主张不应诉，进而准备放弃美国市场。为避免我国拖拉机产品全面退出美国市场，导致后续行业发展壁垒，商务部和中国机电产品进出口商会等单位进行了主动说服动员，使涉案企业充分认识 337 调查败诉对于行业发展深远的负面影响，以及积极应诉的意义。在此基础上，被诉企业进行了积极的应诉准备。

2003 年 2 月 27 日，我国的江苏悦达集团、东风农机集团和江铃集团进出口公司分别向 ITC 递交了应诉通知。其中，江铃拖拉机和东风农机集团有限公司两家企业联合应诉，共同聘请了美国律师事务所 Venable, Baetjer, Howard & Civiletti, LLP 代理应诉。江苏悦达集团则通过其美国进口商单独应诉，聘请了另一家美国律师事务所 Law Offices of John D. Pellegrin, P. C. 代理。

2003 年 5 月，陆续有其他被申请人与申请人达成和解协议。中国企业曾因应诉 337 调查而给企业造成的较大负担，表达了与申请人和解的意愿。但是，由于迪尔公司要价过高，且态度强硬，中美双方未能就和解达成一致意见。

2003 年 8 月，单独应诉的江苏悦达集团在美国进口商的建议下与迪尔公司达成了和解，同意退出美国市场。该和解让迪尔公司达到了使江苏悦达集团放弃美国市场的目的。2003 年 9 月 29 日，ITC 行政法官签发了同意对江苏悦达集团的终止调查令。

在多家被诉企业与申请人和解，以及江苏悦达集团主动放弃美国市场的情况下，东风农机集团和江铃拖拉机有限公司坚持应诉。两家公司准备了大量而充实的文字资料和物证，并提交了证人证言和专家意见，坚称自己并未侵犯申请人的注册商标，针对迪尔公司的材料提出强有力的抗辩。2003 年 9 月 12 日，ITC 调查律师向本案行政法官提交了听证前报告，明确认为中国这两家企业对美出口的拖拉机既没有造成涉案商标的颜色"稀释"，也未侵犯迪尔公司的颜色商标，申请人指控的侵权行为不存在。在听证前报告明显不利于迪尔公司的前提下，迪尔公司主动提出与东风农机集团和江铃拖拉机有限公司继续进行和解谈判的意愿。

2003 年 9 月 21 日，双方签订和解协议，其主要内容为：（1）美国迪尔公司承认迪尔公司与东风农机集团和江铃拖拉机有限公司未造成商标的颜色"稀释"或侵犯颜色商标；（2）迪尔公司与东风农机集团和江铃拖拉机有限公司继续对美出口涉案拖拉机；（3）如果迪尔公司认为迪尔公司与东风农机集团和江铃拖拉机有限公司对美出口的拖拉机可能侵犯其颜色商标，应在 30 天内与中方两公司进行磋商，并在 60 天内提出解决方案；如磋商不成，迪尔公司才能寻求救济，且不得对迪尔公司与东风农机集团和江铃拖拉机有限公司在此前对美出口的拖拉机主张赔偿。该和解协议明显有利于中方两家应诉企业，明确了中国企业的行为不构成侵权，保证了出口行为的法律稳定性，且该和解协议的效力延伸到事后的进出口行为，为两家企业今后开拓美国市场提供了有力保障。至此，迪尔公司与东风农机集团和江铃拖拉机有限公司就和解达成一致，联合应诉的中方两家应诉企业代表参加了 ITC 于 2003 年 9 月 22 日召开的听证会。2003 年 9 月 23 日，迪尔公司与东风农机集团和江铃拖拉机有限公司正式签署了和解协议，并请求行政法官允许双方在此基础上终止调查。2003 年 9 月 26 日，经审查，行政法官宣布同意双方的和解协议，ITC 同意对两家公司终止调查。本案于 2003 年 9 月 26 日全部调查终止结案。

2.6.4 结果和启示

在知识产权侵权判断方面，发明专利侵权判断相对比较复杂，而外观设计和商标则比较容易明确侵权与否，因而相对易于应对。在经过合理分析后，如果判断外观设计或商标不涉及侵权，企业可以大胆应诉，以此作为应对 337 调查的突破口。

在此案中，我们可以得出以下启示：

1. 关于商标

首先，根据美国最高法院的判例，其通过将商标法规定的可作为商标的文字、名称、符号、图案及其组合作扩大解释，将颜色解释为一种符号，视为可以作为商标。

其次，在商标的侵权判定中，关键在于判定在先商标与在后商业标识之间的相似程度，从而确定其是否造成相关消费者的混淆。但在商标淡化的判定中，美国国会在 2006 年制定了《商标淡化修订法案》（"TDRA"），将"淡化可能性"作为商标淡化的前提，而不是将某种程度的相似性作为判断淡化的必要前提。其对淡化中的弱化给予的规定为："在判断商标或商业名称是否可能导致弱化，法院可以考虑以下相关因素：1. 商标或商业名称与驰名商标的相似程度；2. 驰名商标所具有的固有显著性或获得显著性程度；3. 驰名商标的权利人实质性地对商标独占使用的程度；4. 驰名商标的认可程度；5. 商标或商业名称使用人是否主观上想要将其与驰名商标建立联系；6. 任何商标或商业名称与驰名商标之间存在的实际联系。"

2. 应诉技巧

我国企业遭遇的两起农业机械 337 调查，涉案的中国企业以截然不同的态度应对 337 调查，进而产生两种不同的结果。486 案中，北汽福田、山拖农机没有应诉，缺席审判直接被判处有限排除令，被排除出美国市场。487 案中，中国企业虽然都是以和解结束，但对和解的境遇和条件截然不同。悦达集团在美国进口商的建议下与迪尔公司达成和解，以主动退出了美国市场为代价，损失惨重。在经历了 2003 年的两次 337 调查后，涉案的北汽福田、山拖农机和江苏悦达的涉案产品，被全面排除出美国市场。东风农机集团和江铃拖拉机有限公司却据理力争，未轻言放弃，最终迫使美国企业和解撤诉，获得了非常有利的和解结果，可以继续进入美国市场。337 调查结束后，2004 年我国的农机出口额同比增长 56.9%，2007 年同比增长达 50% 以上，这与东风农机集团公司和江铃拖拉机有限公司在 337 调查过程中充分准备，据理力争，顺利达成和解有密切的关系。消极对待等于放弃美国市场，没有明确的法律分析和支持，充分的证据资料依据，是很难从 337 调查中全身而退的。

3. 充分发挥政府和行业协会的作用

有关部门和行业协会要积极做好案件的应对指导与协调工作，要消除企业对应诉的畏惧情绪并给予专业指导工作。中国企业往往只有20天的答辩时间，如果政府部门能利用ITC网站，及时搜索到美国337立案信息，并通知和公布给相关企业和协会，将给企业尽早应诉打下良好的基础。487案中，东风农机集团和江铃拖拉机有限公司在行业协会协调下，聘用同一家律师事务所，对应诉步骤和和解方案协调一致，为最终达成和解创造了条件。我国涉案企业在应诉过程中常依附于国外进口商，致使中国企业的合理利益无法得到有效保护。江苏悦达集团单独聘用了一家美国律师事务所，且盲目听从了国外进口商的意见进行和解，最终丧失了自身的利益。对此，中国企业应通过有效的方式与其国外进口商沟通协调，而不要偏听盲从美国进口商的建议。

（撰稿人：郑少君）

案例评析

我们注意到，前述两个农用机械337调查案中，有企业选择不应诉导致产品被排除出美国市场，也有企业在没有获得有利的条件下和解，也有企业不侵权抗辩的基础扎实，最后以较好的和解方案提前终止调查。那企业通常是如何决定是否应诉的呢？具体而言，企业是否应诉是每个涉案企业根据案件具体情况作出的选择。通常，企业规模、发展方向以及出口量等多种因素起到了重要作用。从企业个体利益来讲，应诉与否主要关乎成本利益分析和企业的发展战略。但是，对于一个行业和一个国家的对外经济利益，应诉常常是唯一的选项。选择是否应诉，企业通常会从以下几个方面综合考虑：

（一）考量美国市场对该企业的重要程度

很多企业放弃应诉的首要原因是认为应诉的成本大于能从该市场获得的收益。许多企业对美国市场结构进行分析，认为对美的出口量不大，与其花大力气应诉保住这不起眼的市场份额，还不如集中精力开拓主要市场或另辟蹊径，转售别国市场。值得注意的是，在发现国内企业转战到其他市场之后，这些 337 调查申请人很有可能会对国内企业在这些市场上继续穷追猛打。目前很多公司在主要国家和地区都注册有专利和商标，这意味着其专利和商标在这些国家和地区也能获得保护，因此，不排除这些跨国公司在 337 调查的战场上取胜后利用其他国家和地区的诉讼和海关等知识产权保护措施阻止中国产品进入这些市场。总之，若该企业美国市场份额较大，或者目前不大，但将来有较大的潜力，则国内企业在综合考量其他因素之后可以考虑应诉；若该企业美国市场份额不大，未来美国市场前景不明朗，但该企业与 337 调查申请人在全球其他主要市场均存在相关知识产权诉讼时，则在该企业具备应诉实力的情况下，为了保住美国市场以及为了维护企业的品牌和公共关系形象，仍可以考虑应诉；当然，若该企业美国市场份额很小并且以后也没有成为重要市场的潜能，企业也不具备应诉的实力，则企业可以考虑不应诉，但应做好在其他主要市场上与对手进行较量的准备。

（二）分析是否存在不侵权的可能

企业获悉被列为 337 调查被申请人之后，可以在律师的帮助下初步分析侵权的可能性。例如，如果侵权的可能性较大，且该出口产品美国市场份额小又没有发展前景，则国内企业可以考虑不应诉；如果侵权的可能性较小且美国市场对该企业比较重要，则企业可以考虑积极应诉；如果侵权的可能性较大，但美国市场对该企业比较重要，国内企业可考虑应诉，但在应诉的过程中尽早开始进行规避设计，同时着手专利无效以及其他可能的抗辩。

上述两个农用机械 337 调查案件涉及外观和商标，其实没有复杂的技术问题。对于被诉企业而言，比较容易判断自己的产品是否构成侵权，以哪种方式结案能够实现自己利益的最大化。其中，东风农机集团和江铃拖拉机有限公司（337 - TA - 487）坚持应诉，以不侵权作为抗辩，逼迫对方主动和解，保全了美国市场，是非常值得今后其他企业借鉴的。从另一角度来说，其他企业的产品即使与涉案的知识产权比较接近，构成侵权的可能性比较大，仍然有其他途径可以走，例如，与申请人协商，不再使用与涉案知识产权相同或相近的外观或商标，争取更改了外观和商标的产品能够进口到美国。

（三）考虑诉讼费用的承受能力和应诉的准备能力

宽泛的证据开示要求以及复杂的法律制度导致美国知识产权案件的应诉费用远远高于国内的知识产权诉讼案件。因此，选择应诉337调查对于很多中国的中小企业来说无疑是一笔沉重的负担，企业当然需要从成本收益的角度考虑应诉是否值得。应诉费用中的大部分属于律师费。尽管律师费高昂，但由于应诉专业性强，如果没有律师的专业指导，应诉企业难以自行应诉。此外，337调查应诉是一个系统性工程，涉及的部门之多、人员之广、证据材料之多不亚于任何一个工程项目。因此，337调查将耗费企业大量的精力，这也是企业在决定是否应诉时需要考虑的成本之一。

（四）衡量不应诉的后果

337调查涉诉国内企业首先面临的是应不应诉的问题。如国内企业选择不应诉，对于缺席的被申请人，行政法官通常推定申请书中的事实成立并认定其违反了337条款，且ITC将颁布排除令阻止缺席的被申请人的产品进入美国市场。因此，不应诉的后果实质上等于放弃美国市场。

前述农用机械案发生在十多年以前，大部分国内企业对337调查规则不太熟悉，部分有实力的企业也选择不应诉导致产品直接被排除出美国市场，比较遗憾。如今，中国相当部分企业已经发展壮大，不仅产品可以与国际上原来处于领先地位的企业竞争，在利用知识产权规则方面也不遑多让；此外，政府部门、专家、专业律师不断对337调查知识进行普及，有实力的国内企业通常会应诉。

（点评专家：冉瑞雪）

2.7 337-TA-604 三氯蔗糖 337 调查案

2.7.1 当事双方及行业背景

1. 申请人

英国泰莱科技有限公司是伦敦上市公司，其拥有60多家工厂，遍布北美、欧洲、东南亚等地区的 28 个国家。英国泰莱科技有限公司旗下的下属公司共有 7000 多名雇员，合资企业还有 5000 多名雇员。2005 年，泰莱公司的销售收入超过 33 亿英镑，大约 80% 来自北美市场。泰莱公司是三氯蔗糖生产的代表企业，其三氯蔗糖产品的商品名为 "Splenda"，生产规模为 400 吨/年，是全球三氯蔗糖主要的供应商之一，其产品占据了美国低糖高倍甜味剂市场 50% 以上的市场份额，并长期垄断美国市场。本案申请人美国泰莱三氯蔗糖公司是英国泰莱科技有限公司的美国子公司。

2. 被申请人

本案的被申请人包括 13 家中国企业，共 27 家企业，其中最初涉案的中国企业有 11 家，ITC 立案后又追加了两家中国企业。中国被指控侵权的企业分别是北京富邦信业化工有限公司、北京富邦信业贸易有限公司、河北省化学工业研究院、河北苏科瑞科技有限公司、常州市牛塘化工厂有限公司、广东广业清怡食品科技有限公司、广东省食品工业研究所、南通化学科技有限公司、上海奥锐特国际贸易有限公司、南京诺朗化工有限公司、连云港中土物产国际贸易有限公司、中津药业（香港）股份有限公司和江苏盐城捷康三氯蔗糖制造有限公司。其中江苏盐城捷康三氯蔗糖制造有限公司是在未被列为被申请人的前提下，作为第三人主动要求加入调查。

为避免被普遍排除令排除出美国市场，作为第三方的企业可以向 ITC 申请主动加入 337 调查。在 604 调查案中，江苏盐城捷康三氯蔗糖制造有限公司（下称捷康公司）成为主动申请接受 ITC 调查并获得胜诉的企业。捷康公司的行动不仅打乱了泰莱公司的战略部署，而且为进军美国市场排除了障碍，消耗了泰莱公司的人力、物力和财力，迫使泰莱公司在没有任何准备的情况下仓促迎战，极大地增加了泰莱公司败诉的可能性。

3. 行业背景

甜味剂是指赋予食品或饲料以甜味的食物添加剂，在食品工业的发展中占有相当重要的地位。由于食糖过多引起的肥胖、动脉硬化和糖尿病已被普遍认识，人们的生活习惯悄然发生变化，更加注重健康饮食，注重生活质量，为了避免摄取过多的卡路里，人们的饮食习惯转向低糖食品，这也使得低热量的高倍甜味剂更受消费者青睐。

三氯蔗糖（又名蔗糖素）是以蔗糖为原料合成的一种新型无热量的高质甜味剂，甜度相当于蔗糖的 600 倍。1976 年由英国泰莱公司和美国 Johnson 公司的子公司 McNeil Specialty Products Company 开发成功，主要以蔗糖为原料，具有安全性高的特点以及不参加人体循环、无热量、不引起血糖波动、不增加龋齿等优点，美国、欧盟、日本等 120 多个国家先后批准使用，中国于 1997 年批准使用；目前，全球 3000 多种食品和药品中均添加三氯蔗糖作为甜味剂；最初研发三氯蔗糖的泰莱公司依靠独有技术长期垄断市场。近年来，中国企业开始生产三氯蔗糖并出口至美国。由于中国生产的三氯蔗糖具有普遍的价格优势，其进入美国市场后，美国境内三氯蔗糖的价格从每吨 450 美元跌至 320 美元。

我国三氯蔗糖生产企业迅速崛起，国内具有代表性的生产企业包括：(1) 常州牛塘化工厂有限公司，于 2004 年初自主研发成功三氯蔗糖。2005 年向美国市场出口 6 吨，2007 年出口量 50 余吨。(2) 江苏盐城捷康三氯蔗糖制造有限公司，中美合资企业，成立于 2005 年 12 月，专门从事三氯蔗糖生产和销售，注册资本 2000 万元，是目前国内最大的三氯蔗糖生产企业之一。2006 年 5 月，江苏盐城捷康三氯蔗糖制造有限公司拥有年产 100 吨三氯蔗糖及三氯蔗糖酯的生产能力。(3) 河北苏科瑞科技有限公司，2006 年成立于石家庄藁城市，是河北化学工业研究院的关联企业，年产三氯蔗糖 300 吨，生产的三氯蔗糖主要出口美国，占到企业生产总量的 80%。(4) 河北省化学工业研究院，从 2003 年起研发生产三氯蔗糖。至 2006 年 10 月，年产量达到 70 吨。此外，国内三氯蔗糖生产企业还有北京富邦信业化工有限公司、湖北益泰药业有限公司、浙江菱湖新望有限公司等。

2.7.2　337 调查历史

1. 立案

2006 年 5 月 23 日，泰莱公司在美国伊利诺伊州联邦地方法院对中国两家三氯蔗糖出口企业提起诉讼，在资料准备不足被迫撤诉后，于 2007 年 3 月 5 日再度起诉中国和其他国家的 25 家企业，指控被诉企业侵犯其中间体制造、成品及应用等方面的 5 项专利权。

2007 年 4 月 6 日，英国泰莱科技有限公司和美国泰莱三氯蔗糖公司向 ITC 提交立案申请书，申请 ITC 启动 337 调查程序，指控 25 家生产和代理三氯蔗糖的中外企业侵犯了其中间体制造、成品及应用等方面的 5 项专利，要求 ITC 发布普遍排除令和制止令。随后，泰莱公司又向 ITC 申请追加两名被申请人。2007 年 5 月 7 日，ITC 正式通过表决，将 27 家企业全部列入了 337 调查名单。

作为被申请人的河北苏科瑞科技有限公司、北京富邦信业化工有限公司、常州市牛塘化工厂有限公司、广东省食品工业研究所、北京富邦信业贸易有限公司、广东广业清怡食品科技有限公司等公司积极应诉。江苏盐城捷康三氯蔗糖制造有限公司主动要求作为第三人加入，得到 ITC 的批准。

2. 初裁

在获知三氯蔗糖 337 调查信息后，商务部立即召集常州市牛塘化工厂有限公司、河北苏科瑞科技有限公司和其他主要企业参加企业联席会议，共同商议如何应对策略。商务部专家为与会企业详细介绍了 337 调查的相关实质要求，并给企业提出了应诉 337 调的建议。与会企业在听取了专家讲解，并评估企业的工艺特点和实际情况后，决定分批次应诉此次 337 调查。我国三氯蔗糖涉案企业决定分批次应诉后，按照 ITC 的规定，我国三氯蔗糖涉案企业从 2007 年 4 月起积极准备相应的应诉资料。

另一方面，当获悉中国三氯蔗糖生产企业遭遇 337 调查的消息后，作为刚刚起步三氯蔗糖生产的捷康公司非常重视，美国是捷康公司战略规划的重要开拓市场之一，泰莱公司在此时启动 337 调查对捷康公司无疑是一个沉重的打击。一旦中国涉案企业被 ITC 签发普遍排除令，捷康公司也将被排除在美国市场以外。加之，美国不少终端客户通过考察，对捷康公司的产品抱有极大的兴趣，如果捷康公司采取消极的态度，将使众多美国客户对其产品丧失信心。

捷康公司于 2007 年 7 月向 ITC 递交了主动参与 337 调查的申请。泰莱公司的律师对此竭力反对，因为捷康公司的加入不仅打乱了泰莱公司的法律部署，而且大大消耗了泰莱公司的律师精力和律师费用。捷康公司根据 ITC 的规则提出了 5 条理由：（1）捷康公司已经实际出口到美国市场；（2）美国市场存在捷康公司已有和潜在的客户；（3）由于生产工艺不同，其他被告企业不能代表捷康公司的利益；（4）泰莱公司申请的普遍排除令已经严重损害捷康公司的市场利益；（5）捷康公司可以按ITC的法定程序，在规定时间内完成证据递交和辩护，不会申请法律程序延期。经过捷康公司辩护律师的积极辩护，行政法官和ITC委员会于2007年8月15日同意捷康公司主动加入针对三氯蔗糖产品的337调查。在三氯蔗糖337调查过程中，加料顺序成为是否侵犯US4980463专利的关键点。根据ITC的程序要求，捷康公司把几千份经过中国律师审核后的资料递交给其美国辩护律师，在经过美国辩护律师的仔细挑选后，按程序要求交给了泰莱公司的律师。泰莱公司律师因为捷康公司的主动加入，又追加了人员和预算。根据ITC的程序进程，泰莱公司必须在规定时间内完成对捷康公司的调查，根据捷康公司递交的资料用了大约三天时间针对捷康公司的一名公司证人和三名技术证人进行了询证，整个询证过程全部录音和摄像。根据递交的资料和对证人的询证，泰莱公司律师及专家在ITC官员和捷康公司美国律师和中文翻译的陪同下于2007年10月30日到捷康公司工厂现场进行生产过程的摄像和取样。为了找到有利证据，泰莱公司甚至把车间地面的灰尘都取样带到美国去化验。捷康公司为了确保样品化验数据的准确性，也按同样保温冷藏方式寄到捷康公司在美国的指定实验室。捷康公司的美国辩护律师为了确保绝对胜诉，还按照ITC规则程序要求到英国对泰莱公司的专利主要申请人进行了调查，并针对专利在美国的实际使用情况进行了调查，同时查阅了大量的资料来证明泰莱公司的专利无效。按照ITC法定程序要求，2008年2月28日，捷康公司的公司证人、技术证人和专家证人进行了答辩，同时证据递交截止。

另外，2007年9月10日，国内企业聘请的律师、专家飞赴华盛顿，接受泰莱公司律师近24小时的口头质询。我国企业为明确不侵犯US4980463专利的事实，敞开大门接受调查。2007年10月至11月，为明确我国生产三氯蔗糖工艺中的加料顺序，泰莱公司的律师、专家及摄像师等6人来到中国相关企业进行实地调查，调查非常详细，并且采集了生产过程中的多个样品。我国涉案企业积极配合调查取证工作，如河北苏科瑞科技有限公司不仅提供了大量的技术信息和经营信息，企业的主要负责人和技术专家接受了对方律师长达一周的询问取证。与此同时，中国相关企业也对泰莱公司进行了实地调查。

由于该项调查涉及三氯蔗糖的前段产品三氯蔗糖－6－乙酯，按照 ITC 的法律，半成品没有进口到美国，不在 ITC 的受理范围内。但由于该半成品只能生产三氯蔗糖，ITC 法官作出了受理的决定，该决定也将成为 ITC 的先例。ITC 委员会对此案的认识也不统一，由于涉及专利多，又涉及半成品且相关法律支持不足，ITC 法官先后作出了 8 次延期决定，审理时间近 24 个月，这在 ITC 历史上也是少有的。

2008 年 2 月，有关人员再次飞赴华盛顿参加 ITC 的庭审。在庭审期间，中国企业进行了激烈的抗辩。2008 年 2 月 29 日，337 调查的应诉程序全部结束。根据双方递交的证据资料和法庭的答辩，ITC 调查律师法庭审理前后都作出了捷康公司生产工艺不侵犯泰莱公司专利、泰莱公司 US4980463 无效的结论。ITC 行政法官在开庭审理中充分听取了双方的意见，在综合审查案件材料后，行政法官于 2008 年 9 月 22 日发布了本案初裁结果公告，裁定：河北苏科瑞科技有限公司、常州市牛塘化工厂有限公司、北京富邦信业化工有限公司、北京富邦信业贸易有限公司、广东省食品工业研究所、广东广业清怡食品科技有限公司、江苏盐城捷康三氯蔗糖制造有限公司等中国应诉企业进口到美国的三氯蔗糖及下游产品并不侵犯泰莱公司诉请的 US4980463、US5470969、US5498709 和 US7049435 四项专利；对于泰莱公司诉请的 US5034551 号专利，ITC 没有管辖权；ITC 同时还裁定，US4980463 号专利权无效且不存在相关国内产业。对于 US5498709 专利、US7049435 专利和 US5470969 专利三项涉案专利，裁定除某些缺席的被申请人以外，其他企业都没有侵权。

3. 复审和终裁

2009 年 3 月 11 日，经过两次延期，ITC 发布终裁结果，维持初裁结果。

2.7.3　结论和启示

在以往的 337 调查案件中，我国企业的败诉率高达 60%，远高于世界平均值 26%。截止到 2008 年年底，我国直接涉案 337 调查的企业有 164

家，能够取得胜诉的企业屈指可数，能够全身而退的企业更是凤毛麟角。捷康公司把 337 调查当作投资手段，在我国企业频频遭受海外知识产权纠纷的今天，捷康公司的思维模式对中国企业的海外维权具有深远而积极的启示作用。

在此案中，我们可以得出如下启示：

1. 重视知识产权竞争

国际贸易的竞争是知识产权的竞争。由于美国市场是全球最大的三氯蔗糖市场，要想进入美国市场必须要经过知识产权法律竞争。根据规定，其他任何愿意参与调查程序的企业可以向行政法官或者 USITC 提交希望参与调查程序的书面动议，并同时提交其已向每个当事方送达该动议的证明。在决定是否允许其他非被告企业参与调查时，调查机关通常依据以下 4 项标准：动议及时提出；对作为调查标的的财产或交易具有利益；调查结果可能在事实上损害或妨碍动议提出方保护自身利益的能力；现有参与方未能充分代表动议提出方。如果其他利害关系方不参与调查，将丧失利用调查程序收集信息、表达主张的机会，最终可能会受到 USITC 做出的是否违反 337 条款的裁决以及有关救济措施的影响。

捷康公司把知识产权诉讼作为一项投资来对待，在 2006 年进入美国市场之前就聘请美国专利律师把捷康公司的生产工艺与泰莱公司的所有专利进行比较，确定不侵犯泰莱公司的专利，已经做好了专利战的思想准备。本案中捷康公司主动以利害关系方的身份参与调查，并最终获得了胜利，给捷康公司带来了诸多好处：①捷康公司成立于 2006 年 1 月，远落后于同行十几年，但自主动加入 ITC 的 337 调查后，知名度迅速上升到全球第二。②捷康公司主动加入 ITC 调查的态度增强了其潜在客户对其的信心，使捷康公司在很短时间内建立了遍布北美、欧洲、南美、亚洲等的全球销售网络。根据美国法律，在泰莱公司先把捷康公司告上法庭的情况下，如果有客户购买捷康公司的产品，泰莱公司随时可以将捷康公司的客户告上法庭。由于捷康公司是主动加入的，所以泰莱公司无法在审理期间把捷康公司的客户加到被告名单，捷康公司因此获得了市场主动权，可以确保法律诉讼期间的正常销售。由于主动加入 ITC 调查，捷康公司仅用一年时间便跃居 2008 年中国出口和实际生产第一位、全球第二位，2008 年向美国出口三氯蔗糖 80 吨，占国内出口量的 60%，创汇 552 万美元，产能列世界第二位；捷康公司的产品供不应求，在全球金融危机和美元贬值的残酷经济环境下，捷康公司的销售却保持了 80% 的增长率，将长期处于扩产状态；确保了渠道的建立并免除了出口市场的风险，确保固定资产和投资风险降到最低，银行和投资商纷纷要求与其合作，确保了后期发展对资金的需求。③国际销售和管理人才愿意加入一个新建立的企业，这为捷康公司的快速发展提供了保障。

2. 熟悉法律程序、市场战养法律战

法律战的最终目的是占领和拥有国际市场，要想保护和发展市场就必须取得法律主动权，以市场战支持法律战是胜诉的根本。按照美国法律，一旦成为被告，客户将远离被告企业的产品，直到胜诉以后才能继续使用。因此，在法律诉讼过程中一定要确保市场的畅通才能达到以市场战养法律战的目的，否则，赢得法律丢了市场则失去了知识产权保护的意义。国际贸易、地方法院、ITC 都有自身的法律程序，出口企业应根据特定的法律程序制定市场和法律策略。美国知识产权的诉讼中，一旦 ITC 受理申请人提起的 337 调查，联邦法院相关知识产权的诉讼就要暂停。为了在诉讼期间不丢掉市场，就要利用法律程序和规则选择主动加入的时间和机会。捷康公司是在 ITC 启动程序后 4 个月才正式加入的，使申请人无法做好应对准备，为捷康公司胜诉争取了更多的机会。泰莱公司因为捷康公司的主动加入临时增加了律师团队和 500 万美元的费用预算。

此外，出口企业还做好战略组合，根据国际市场、法律诉讼情况有效使用资金，把有限资金使用到国际网络和知识产权建设上来，使工厂后期固定资产投资风险降到最低，价值利用最大。

业内有关人士认为，未来数年，全球三氯蔗糖市场格局可能发生根本性的改变，泰莱公司初裁败诉，不仅指控他人侵权不成立，而且丢掉了涉案的部分专利。当中国企业掌握了相关核心技术并进入这一市场后，泰莱公司就难再占据寡头优势。捷康公司 337 调查胜诉的经验，对于正在走出去和已经走出去的中国企业来说，具有重要的参考价值。但遗憾的是，此案涉及的 27 家中外被申诉企业中，仍有 11 家企业没有参加应诉，其中包括 3 家中国内地企业，因缺席被 ITC 裁定侵犯了泰莱公司的专利权，并对其发布了有限排除令。

（撰稿人：郑少君）

 **案例评析**

三氯蔗糖案件是典型的以第三方身份介入的案件，并且取得不错结果。那什么是第三方介入方式呢？根据 337 调查的规则，如果第三方（如消费者、进口商、相关产品的制造商）认为 337 调查的结果将对其造成重大的影响，则可以向 ITC 提交动议要求主动加入该调查。❶ 如果某第三方选择介入 337 调查，它必须提交书面动议。它可以选择享有全部权利的或有限权利的方式介入。当它选择介入的时候，必须说明希望的角色是站在申请人一方还是被申请人一方。如果第三方选择站在被申请人一方，它可以要求获得"介入者"或"被申请人"的地位。❷

如果国内企业在 337 调查中被明确列为被申请人，国内企业自然有资格应诉。但是，那些没有被列为被申请人的国内企业，也可以根据自身利益的考量申请主动参与 337 调查。

在三氯蔗糖案中，捷康公司没有被列为被申请人，但是如果 ITC 颁布普遍排除令，就意味着整个行业包括捷康公司产品都会被排除在美国市场之外。❸ 在这种情势下，捷康公司于 2007 年 7 月 5 日主动申请参与该 337 调查案。该案历时将近两年，花费大约 300 万美元，但其管理层认为这笔费用是性价比很高的投资，因为"盐城捷康在知识产权竞争中投资于法律的胜利，直接换来了全球第二大三氯蔗糖供应商的市场地位、20 年的市场通行证，市

---

❶ 《ITC 程序规则》第 210. 19 条中相关规定。

❷ TOM M. SCHAUMBERG. A Lawyer's Guide to Section 337 Investigations before the U. S. International Trade Commission ［M］. ABA Publishing, 2010：37 – 38.

❸ 盐城捷康成功布局全球三氯蔗糖市场 ［EB/OL］. ［2011 – 07 – 21］. http：//js. takungpao. com/readnews. asp? newsid = 5781.

场机会估值 200 多亿元，成为在公司投资理念上的一次突破性创新。"❶

实践中，如果申请方申请普遍排除令，则涉案行业的相关企业应当提高警惕，避免因未及时介入而造成损失。部分国外企业通常会利用其掌握的专利发起数轮请求普遍排除令的 337 调查申请来迫使国内企业在高额许可费和美国市场之间做出抉择。❷ 国内企业在稀土行业的遭遇即是例证。掌握基础专利的日本和美国企业自 20 世纪 90 年代开始即提起三起要求获得普遍排除令的 337 调查。2012 年 8 月 17 日，日立金属公司及其关联公司日立金属北卡罗来纳州公司（合称"日立金属"）向 ITC 提起有关烧结稀土磁体的 337 调查申请，内容涉及烧结稀土磁体、其生产方法以及包含该产品的产品，被申请人包括烟台正海磁性材料股份有限公司、宁波金鸡强磁材料有限公司、安徽大地熊新材料股份有限公司及其下游经销商和客户在内的 29 家公司（337 - TA - 855）。2013 年 6 月 20 日，ITC 发布公告，确认日立与前述三家国内企业因达成和解协议而终止调查。据称，这三家企业与日立金属达成和解的条件是同意支付专利许可费用❸。2013 年 7 月，该案以申请人和剩余的三家被申请人❹达成和解协议并撤诉而告终。而在此前的 1998 年，北京京马永磁材料厂和新环技术开发公司就被美国麦格昆磁公司和日本住友特殊金属公司❺起诉侵权（337 - TA - 413），该案中，两家国内企业被缺席判决，并且该案最终颁布了普遍排除令。在更早的 1996 年，美国熔炉斯伯公司将包括北京三环新材料高技术公司、宁波科宁达工业有限公司在内的 8 家公司诉至ITC（337 - TA - 372），两家国内企业在该案中以同意令结案。根据我们了

---

❶　食品添加剂企业成为中国首例企业胜诉美 337 调查［EB/OL］.［2011 - 07 - 21］. http：// www. clii. com. cn/news/content - 4038. aspx.

❷　部分国外企业的做法是等到国内企业发展到一定规模以及在市场上有一定影响力之后，再提出缴纳许可费要求。因此，每次 337 调查主要针对的都是达到一定规模的企业，顺带请求 ITC 颁布普遍排除令，给其他中小企业出口美国制造障碍从而获得许可。

❸　《中国稀土产业面前的专利"黑洞"》［EB/OL］.［2014 - 08 - 28］，http：//www. sipo. gov. cn/ mtjj/2013/201309/t20130904_ 816682. html.

❹　其他被申请人在涉诉三家国内企业和解之前已经与申请人达成和解协议。

❺　日立金属在 2003 年收购了日本住友公司，同时取得住友在钕铁硼烧结方面的专利技术。见于《中国稀土企业欲破日企专利封锁》，［EB/OL］.［2014 - 08 - 28］. http：//futures. hexun. com/ 2014 - 08 - 20/167675836. html.

解，在这三起案件中，没有中国稀土企业主动介入 337 调查。❶

对于没有被明确列为被申请人的企业来说，未经参加案件调查程序，即被普遍排除令排除在美国市场之外，未免有失程序正义，尤其是申请人仅将业内没有应诉实力且很可能会缺席的小企业列为被申请人的情况下，国内的大企业可能会被普遍排除令无辜伤害，因此，有必要及时主动介入 337 调查，从而可以获得与捷康公司类似的商业利益；此外，相较于 ITC 颁布普遍排除令之后再去寻求事后解决方案，主动介入还可以为获得较为有利的和解条件创造主动条件。如果国内企业以后遇到类似的情况，如有应诉能力，应该考虑主动介入案件，抓住机会进行不侵权抗辩或者无效抗辩。申请人通常的做法是将大量的下游产品厂商列为被申请人，即使案件最终和解没有颁布普遍排除令，也警告了那些正在以及计划向国内企业购买相关产品的美国客户，从客户那边施压，倒逼没有获得专利许可的国内企业无法对美出口。这种情况下，国内企业可以根据实际情况，攻击对方某些专利的有效性，从根本上打掉申请人的专利。❷此外，国内企业还可以通过主动介入程序将其规避设计的产品纳入 337 调查中，确保规避设计的产品能够获得 ITC 的认可，从而确保美国市场的稳定性和连续性。

（点评专家：冉瑞雪）

---

❶ 尽管 337 - TA - 855 案以和解告终，ITC 最终并没有颁布普遍排除令。但日立金属并没有停止主张其专利权的脚步，通过警告下游客户等方式迫使国内企业缴纳专利许可费，导致国内稀土企业不得不联合采取反垄断以及专利无效程序等方式作为应对措施。见《欲破稀土"专利迷信"7 家稀土企业赴美和日立金属打官司》［EB/OL］.［2014 - 08 - 28］. http：//www.yicai.com/news/2014/08/4005807.html.

❷ 在 337 调查案件中，国内企业有不少专利无效抗辩成功的先例。例如，在无汞碱性电池案（337 - TA - 493）中，联邦巡回上诉法院判决美国劲量公司专利无效；在赖氨酸案（337 - TA - 571）中，ITC 的初裁、终裁以及联邦巡回上诉法院都认定涉案的相关专利无效，裁决国内企业大成生化集团有限公司等并未违反 337 条款。

2.8　337 - TA - 608、612 丁腈乳胶手套 337 调查案

2.8.1　涉事双方和行业背景

1. 申请人

美国提勒斯顿公司（Tillotson Corporation d. b. a. Best Manufacturing Company）主要生产手部防护用品。2007 年 10 月 1 日，Tillotson 公司将其 Best Manufacturing 及其下属部门转让于 Showa Glove Co. ，形成了 Showa 的子公司 Best Glove Inc. 。

2. 被申请人

北京华腾橡塑乳胶制品有限公司（原北京化学工业集团橡胶塑料制品厂）是由原北京橡胶六厂、北京橡胶七厂、北京橡胶十二厂、北京橡胶五厂及北京乳胶厂先后合并组建而成，具有四十多年的橡胶制品生产历史，是目前国内橡胶制品行业重点的专业生产厂家之一，隶属于北京化学工业集团有限责任公司。公司厂址位于北京市东南方向的通州区次渠镇北神树村东，即北京市光机电一体化产业基地。占地面积 15 万平方米，建筑面积约 7 万平方米，公司注册资金 5293 万元，固定资产 2.3 亿元。全公司现有员工 2500 人，工程技术人员 360 人。主要经营范围包括乳胶制品、橡胶制品生产加工，乳胶、橡胶制品生产设备的加工、安装，进出口业务等方面；主要产品有工业用模压和挤出橡胶制品，乳胶医用、家用手套和乳胶制品，橡胶板材和片材，再生橡胶，橡胶轴辊和橡胶毯，全胶鞋和钓鱼靴、裤，胶布制品等。公司产品注册商标有鲸鱼牌、盾牌、星际牌、复佳牌、雪莲牌，其中鲸鱼牌、雪莲牌获得北京市著名商标称号，6 种产品获得北京市优质产品称号。公司产品销往全国各地，其中乳胶制品、胶板、钓鱼靴、雨鞋等产品销往北美、南美、欧洲、东亚、西亚等世界各地 40 多个国家和地区。

3. 行业背景

乳胶手套属于化工产品，由于其优良的拉伸性、柔软性和廉价性，既可

作为医疗卫生方面的防护手套，也可作为一般的防护手套使用。目前这类手套的应用范围已涵盖工业、农业、渔业、医疗卫生、服务行业、家庭生活以及军事工程等领域，作为耐酸、耐碱、耐溶剂、耐电、耐油、防毒、防菌、防辐射等防护器具。但乳胶手套也存在着手套不易穿戴、手套残留润滑粉末、乳胶过敏和手套漏损等方面的问题，随着乳胶手套生产规模的扩大，其技术改进和研发在国内外一直都是热门课题。

涉案专利 US Re35.616 是美国专利 US 5，014，362 的再公布专利，US 5，014，362 于 1990 年 5 月 11 日提出申请，1991 年 5 月 14 日获得授权；US Re35.616 于 1995 年 11 月 13 日提出申请，1997 年 9 月 30 日获得授权。US Re35.616 存在 24 项权利要求，涉案权利要求为其权利要求 1、17—19。相关权利要求所要解决的技术问题为使手套在拉伸时更适于手形，其放松后能显著减轻对手部的压力。

2.8.2 337 调查历史

1. 立案

Tillotson Corporation d. b. a. Best Manufacturing Company（下称"Tillotson"）向美国国际贸易委员会（ITC）提出申请，指控对美进口、在美出口和在美销售的丁腈手套（Certain nitrile gloves）侵犯了其美国再公布专利 US Re35.616 之权利要求 1、17—19 的专利权，申请人向 ITC 建议了包括 31 名强制应诉方并申请发布普遍排除令，北京华腾橡塑乳胶制品有限公司和 JDA（天津）塑料橡胶制品有限公司涉案。2007 年 7 月 6 日，ITC 经投票确定立案（《联邦公告》72 *Fed. Reg.* 37052），案卷号为 337 - TA - 608。Tillotson 于 2007 年再次以相同的权利要求为依据向 ITC 提出申请进行 337 调查，向 ITC 建议了 7 名强制应诉方。2007 年 8 月 22 日，ITC 确定立案（《联邦公告》72 *Fed . Reg.* 47072），案卷号为 337 - TA - 614。2007 年 8 月至 2008 年 7 月间，基于申请人的主动撤诉及与被申请人达成的协议，行政法官陆续作出终止针对部分被申请人的 337 调查的初步裁定；其中，2007 年 8 月 30 日，行政法官基于北京华腾橡塑乳胶制品有限公司签署了同意令作出终止对其 337 调查的初步裁定，ITC 对此不再进行复审。2007 年 9 月 19 日，行政法官决定并案审理上述两项调查并允许 Tillotson 增加了另外 14 名强制应诉方。

2. 初裁

2007 年 12 月 13 日，行政法官举行了辅导和马克曼听证程序，并于 2008 年 3 月 14 日颁布关于争议权利要求术语的阐释令。行政法官在阐释令中指出：争议术语"predetermined pressure"并未出现在再公布权利要求中，而是记载于 US 5,014,362 的原始权利要求 1 中，并裁定该术语应解释为戴上手套后，由手套对手施加的压力值，并不等同于涉案再公布专利权利要求 1 中将其修改为"initial pressure"的含义，导致再公布权利要求的保护范围不适当地扩大。

2008 年 5 月 19 日至 27 日，行政法官举行了证据听证会。至此，参与调查的中国企业仅剩 JDA（天津）塑料橡胶制品有限公司一家。

2008 年 8 月 25 日，行政法官发布初裁公告，裁定：（1）多数涉案产品落入涉案权利要求 1、17—19 的保护范围；（2）涉案再公布专利由专利权人在原专利授权日两年后进行修改所得，且该修改不适当地扩大了权利要求的保护范围，导致涉案专利权利要求无效；（3）被申请人主张涉案专利因专利缺乏新颖性、与现有技术相比缺乏显著性、缺少足够的书面描述、专利权不可执行、权利要求的范围不确定的理由不具有说服力。据此，行政法官作出参与调查的被申请人不存在违反 337 条款行为的裁定。

3. 复审和终裁

申请人于 2008 年 9 月 8 日就行政法官关于"predetermined pressure"的术语阐释和专利权无效的裁定提出了复审请求。同日，部分被申请人就行政法官不支持涉案专利缺少足够的书面描述和专利权利要求的范围不确定的专利权无效抗辩理由，以及专利权不可执行的抗辩理由的裁定提出了复审请求。2008 年 9 月 16 日，被申请人就此提交了答辩意见。2008 年 10 月 24 日，ITC 确定对行政法官作出的部分初裁结果进行复审，并要求涉案各方当事人就复审实体内容、救济措施、公众利益和保证金事项提交简短说明。经检视调查记录，ITC 于 2008 年 12 月 22 日发布终裁公告，维持行政法官关于 337 - TA - 608 和 612 案中被申请人未违反 337 条款的决定，确认行政法官于 2008 年 8 月 25 日作出的初裁决定及 2008 年 3 月 14 日作出的关于争议权利要求术语的阐释令。

2.8.3 结论和启示

本案的一大特点在于涉及对再公布专利的无效抗辩。"权利再公布（Re-issue）"最早是美国最高法院1832年的Grant v. Raymond一案，1836年正式纳入专利法。近年美国专利商标局再公布专利占当年专利授权总量的比例维持在1%左右。该制度建立了特定的专利权"效力挽救机制（Validity - saving mechanism）"，同时充分兼顾了包括专利权人竞争者在内的社会公众的利益。本案中，被申请人基于美国专利法第251条第4段的规定："再公布专利不得扩大原始专利权利要求的保护范围，除非该再公布专利是在原始专利授权后两年内提出的"，提出了专利权无效抗辩。

（撰稿人：仲惟兵）

 案例评析

诚如本案例报告"结论和启示"部分指出的那样，本案的一大特点在于涉及对再公布专利的无效抗辩。换言之，就是本案涉及的专业知识和诉讼能力。本案立案的2007年，是我国加入世界贸易组织（WTO）的第7年，也是我国知识产权战略研究开始的第3年。其时，我国企业的知识产权意识和能力已经有了很大程度的提高，对337等知识产权诉讼的专业性和风险的认识也日渐全面和深刻。本案涉诉中国企业在的规则意识和讼诉能力可圈可点。当然，这背后是坚定的意志、不懈的努力和持续的投入。知识产权是多种因素的综合体，不过，归根结底，还是法律的因素。诉讼是知识产权法律因素的终极表达，知识产权的全部工作，都应以诉讼为底线思维予以展开。

（点评专家：刘海波）

2.9　337 - TA -664 联想、索爱普天移动闪存芯片 337 调查案

2.9.1　当事双方及行业背景

1. 申请人

飞索半导体公司是 AMD 与富士通整合各自闪存业务而成立的合资公司，总部位于美国加州，其主营业务是 NOR 型闪存，也是全球最大的 NOR 型闪存供应商，一度在闪存市场声名显赫。但是，随着 NOR 闪存在与 NAND 闪存的竞争中渐落下风，越来越多的企业转投 NAND，以 NOR 闪存为企业支撑征战闪存市场的飞索公司利润空间越来越小，在整个闪存市场上的竞争力日益下降。2009 年 3 月，飞索在美国申请了破产保护，试图通过企业重组化解经营困境。2010 年 5 月，飞索完成重组成功脱离破产保护，但比原计划多用了四个月的时间，这也使其"失去了更多的市场份额，还承担了与破产有关的额外 2600 万美元的现金成本"。"瘦身"后的飞索将其经营战略从资本密集、四面开花的闪存业务调整为专注于嵌入式和特定无线应用领域。竞争环境的恶化、破产重组承担的巨大债务压力使飞索不得不考虑如何利用专利技术这一资本，在争夺激烈的闪存市场上多分得一杯羹。正如许多以技术立足的跨国公司一样，专利诉讼被飞索选定为此次进攻的利器。

2. 被申请人

1984 年，中科院计算所投资 20 万元人民币，由 11 名科技人员创办了联想公司；1989 年北京联想集团公司成立。1990 年，首台联想微机投放市场；1994 年，联想在香港联合交易所上市，并成立联想微机部；1995 年，联想推出第一台服务器；1996 年，联想笔记本问世；自 1996 年起，联想电脑销量一直位居中国国内市场首位；2005 年 5 月，联想集团收购 IBM PC 事业部；2009 年 11 月联想向由弘毅投资为首的一些投资者收购联想移动通信技术有限公司（简称"联想移动"）的所有权益，进军中国移动互联网市场；2010 年 4 月联想宣布在中国正式启动移动互联战略，并推出乐 Phone、Skylight、 ideapad U160 等移动互联终端；2012 年，联想发布了智能电视等创新产品；2014 年 1 月 23 日联想集团收购 IBM 低端服务器业务；2014 年，联想推出联想互联网创业平台 NBD（New Business Development），并发布了该平台"孵化"的首批三个创新产品智能眼镜、智能空气净化器和智能路由器；2014 年 10 月，联想集团宣布了已经完成对摩托罗拉移动的收购，成为仅次于三星和苹果公司的全球第三智能手机厂商。自 2014 年 4 月 1 日起，联想集团成立了四个新的、相对独立的业务集团，分别是 PC 业务集团、移动业务集团、企业级业务集团、云服务业务集团，其产品系列包括台式电脑、服务器、笔记本电脑、智能电视、打印机、智能手机等商品。2015 年 8 月 27 日，联想移动宣布除神奇工场之外的所有联想移动业务都将并入去年初收购的摩托罗拉。

北京索爱普天移动通信有限公司原名北京爱立信普天移动通信有限公司，成立于 1995 年 8 月，是由爱立信与其中方合作伙伴共同投资兴建的中外合资企业。2004 年 6 月 30 日正式更名为北京索爱普天移动通信有限公司，由索尼爱立信控股。北京索爱普天移动通信有限公司作为索尼爱立信全球在内地最大的生产基地，拥有员工 11000 余人，形成了以工业化、生产和直接分销为核心的业务体系，已经具备一秒钟生产 1.5 部手机的生产能力，产量占索尼爱立信全球产量的三分之一以上，数次入选中国企业 500 强、中国制造业企业 500 强并跻身中国通信器件和设备及零配件制造业企业前列。截止到 2006 年底，公司销售额达 270 亿元，产品直接出口 113 个国家和地区。各项生产销售指标相比去年同期，增长量均保持在两位数以上。2006 年公司入选中国企业综合实力 500 强第 135 名，中国企业效益 200 佳第 125 位，中国制造业企业 500 强第 61 名，中国通信器件和设备及零配件制造业第 5 名。

3. 行业背景

闪存芯片市场主要被两种性能的闪存掌控，一种是 NOR 型闪存，其特点是高可靠性和快速读写能力，适合频繁随机读写，通常用于存储程序代码并直接在闪存内运行，比如手机就是使用 NOR 型闪存的大户；另一种为 NAND 型闪存，其特点在于容量大、成本低，广泛应用于固态硬盘（SSD）、数码相机、智能手机、平板电脑等对存储容量有较大需求的产品。随着便携式移动终端设备的普及，NAND 闪存芯片的市场需求量急速上升，而 NOR 闪存市场逐步萎缩，自 2005 年起，NAND 闪存的销售额超越 NOR 闪存，取代了 NOR 闪存的主导地位。

2.9.2　337 调查历史

1. 立案

2008 年 12 月 18 日，飞索半导体公司向 ITC 提交申请，请求发起涉及闪存芯片的 337 调查。飞索半导体公司主张包括来自联想集团多家子公司和北京索爱普天移动通信有限公司在内的三十多家公司侵犯其 US6380029、US6080639、US6376877 和 US5715194 专利，由于技术方案相差较大，进一步调查范围未包括 US6380029、US6080639 专利。2010 年 3 月 12 日，申请人对立案申请书进行了修订，终止了对于部分被申请人的调查，并增加部分制造商作为被申请人。2008 年 12 月 19 日，行政法官将此调查的目标日期设定为 2010 年 4 月 19 日。2009 年 2 月 9 日将目标日期延长至 6 月 18 日，并明确期间进行马克曼听证，对权利要求保护范围进行解释说明。

2. 初裁和终裁

2010 年 10 月 22 日，行政法官发布初裁，认定被诉产品没有侵犯申请人 US6376877 专利，且行政法官认为 US6376877 号专利不满足国内产业要求。对于 US5715194 专利，行政法官认为部分被申请人的产品满足该专利权的权利要求的所有限制，但发现其技术方案相对现有技术参考文献专利 US5,621,684 是显而易见的，且根据被申请人提供的证据 US5715194 主张的权利要求还存在不清楚的缺陷，因而，US5715194 的部分权利要求无效。另外，行政法官还认为 US5715194 专利也不满足国内产业要求。2010 年 11 月 8 日，调查律师向 ITC 申请复核该初裁中关于申请人于提交申请后在美国进行许可的行为能满足国内产业要求。委员会对调查律师提出的上述申请进行审查，并且决定不予复审。2010 年 12 月 23 日，ITC 作出终裁，不对行政法官的上述初裁进行复审。

2.9.3　结论和启示

在电子信息领域，我国厂商往往处于加工制造、终端产品开发等产业链的下游环节。因此，上游企业在技术方面挑起的专利争端往往间接累及我国下游厂商。由于京瓷案的影响，位于产业链下游的中国企业因使用上游企业产品而被诉的现象已日渐普遍。本案中被诉的中国企业因为其产品中使用了三星公司的芯片而被卷入 337 调查。由于涉诉专利为闪存芯片的基础技术，下游企业在终端产品制造中难以绕开，因而多处在产业链下游的中国企业在不同申请人提起的诉讼中频频受到牵连。近年来，跨国公司为了争夺国际市场份额，纷纷利用正当法律途径充当商业竞争手段，彼此间纠纷迭起。飞索、三星、BTG 轮番提起诉讼和 337 调查，无论哪一方作为原告或申请人，中国企业作为终端产品厂商都摆脱不了接受调查的被动局面。虽然并非诉讼直接指控或调查的对象，但我国企业因上游公司的争端而频频受到牵连，在企业正常生产销售过程中面临诸多不确定因素，不期而至的诉讼使企业疲于应付，对企业的市场开拓、营销计划等造成负面影响。

在此案中，我们可以得出以下启示：

1. 力争上游，摆脱被动涉诉困境；提升自我，完备知识产权部署

申请方将下游企业一并列为调查对象，通常是为了威慑调查目标或是基于相关利益考虑。而下游企业不但被动地陷入应诉，由于间接涉案，就连应对之策也难以完全自主，无法掌握自己的诉讼节奏和进度，应对 337 调查深受上游企业影响，不得不顺应上游厂商的竞争趋势，可采取的策略也只能观察并参考上游企业，难以在竞争中发出自己的声音。以飞索公司发起的本次 337 调查案为例，被诉企业以芯片制造商三星电子为首，其余均为下游具有相当市场份额和影响力的知名企业，并覆盖了产业链上的重点环节。中国企业作为下游厂商频频陷入上游大厂的竞争旋涡，这其中当然有上游厂商借机威吓、抢夺市场份额的原因，但究其根本还在于下游厂商缺少发言权、受制于上游的被动局面。在国际芯片市场上，我国企业若想真正依照自己的意愿参与到竞争中去，关键还在于调整产业结构，在芯片设计方面加大投入，创造自主知识产权，力争在产业链上游占据一席之地，如此，才能避免"莫名其妙"地被列为 337 调查的共同被告，从根本上摆脱依附于人的弱势地位。

2. 应对积极，防控与补救并重加强

我国企业在向美国出口产品前，应该尽可能地将产品知识产权状况梳理清楚，确保自主技术不侵权、引进技术有明确的授权依据、直接使用的第三方技术产品保留权利担保凭证，以便于合理抗辩。

（撰稿人：姚　云）

案例评析

1.337 调查案的被告不仅处于被动地位，申请人多半在正式申请前，都已和 ITC 内的 Office of Unfair Import Investigations（即案例介绍中提到的"调查律师"）有初步的沟通与讨论，确保该申请正式启动"337 条款"的调查。虽然这并不表示在后续程序中都能如申请人所预料的，但这使得被告处境额外不佳。这调查律师正式的角色是代表美国公众利益，在 337 调查案过程是全程参与。因此，未来如果中国申请人也想启动 337 调查案时，在准备申请过程中，同样可以请求该调查律师的协助。

2. 对于下游企业，不管"337 条款"诉讼还是其他美国知识产权的诉讼，一定要注意相关调查和诉讼的通告。比方说，337 调查案都一定会在联邦公告（Federal Register）通告于大众该调查对象与调查事由，下游企业皆可从此链接 https：//www.federalregister.gov/agencies/international－trade－commission 得到调查细节，并长期追踪。

3. 依照目前电子产品产业趋势，上游企业多半已有雄厚的技术基础与财力，在研发上也持续成长，对知识产权保护更加重视。但对于制造方面，多半依赖下游企业，并利用恶性价格竞争手段，压低制造成本，使得下游企业又希望得到大厂的青睐，但又得忍气吞声地接单。因此，除了以成为上游企业为长期目标外，在短期知识产权部署目标中，不妨先把研发重点放在制造技术，提高出货效率，提升制成技术，把作"精"，从中取得知识产权保护，这样和上游企业合作时才能提高发言权。或是成立业界联盟团结起来，互相扶持、切磋，减少上游企业利用价钱来打压。在长期部署目标中，投入未来芯片设计的研发是必需的。

4. 除此之外，下游企业也必须在和上游企业合作或专利许可协议中取得免责保障（indemnification），其目的就是保护下游企业对之后的诉讼中，上游企业必须代表下游企业应诉，承担诉讼费用等。在争取免责保障时，上游企业一定会尽量推脱和拒绝，但下游企业尽可能争取，这对未来发展与规划相当重要。

5. 值得注意的一点是，在美国专利侵权诉讼中，不管是在 337 调查案还是在法院，在提出不侵权理由时，只说明不侵权是因为使用先有技术或产品是不会被法院采纳的。需要强调的是该专利的权利项不如专利权人所指控的那么广泛的权利范围，因为先有技术已存在。

6. 未来在美国知识产权维权、知识产权的保护只会有增无减。它不再是新名词或概念，应该是未来的常态。无论诉讼是何种方式（和解、许可或应诉等）解决，绝对不能忽视。因此，作为一个有企图心、有创新力、有前瞻性的企业，每年必须要有固定的诉讼预算。

（点评专家：袁丹吉）

2.10 337 - TA - 713 冠捷科技（北京）有限公司显示设备 337 调查案

2.10.1 当事双方及行业背景

1. 申请人

本案申请人为日本索尼公司（"Sony"）是日本的一家全球知名的大型综合性跨国企业集团，成立于 1946 年 5 月，总部现位于日本东京。Sony 是视听、电子游戏、通信产品和信息技术等领域的先导者，是世界最早便携式数码产品的开创者，也是世界最大的电子产品制造商之一、世界电子游戏业三大巨头之一、美国好莱坞六大电影公司之一。1956 年，Sony 凭借晶体管技术开发出世界第一台晶体管收音机 TR - 55，该产品的一举成功使公司运营渐入佳境。1968 年 4 月，Sony 发布的特丽（Trinitron）电视影像技术，同年 10 月发布世界第一台搭载特丽（Trinitron）电视影像技术彩色电视 KV - 1310，Sony 电视在全球热卖，但 Sony 也因拥有该项技术而错估了液晶电视的发展趋势。此外，Sony 还于 1979 年推出 Walkman（随身听），1994 年推出 Play Station（PS）系列电视游戏机。2000 年，Sony 的公司业绩空前成功。进入 21 世纪，Sony 品牌在电子业务上呈现弱势，一连串的决策错误以及受电子产品价格不断走低等因素的影响，Sony 在 2002 年业绩严重受挫并持续表现低迷：在截至 2014 财年的七个财年中，Sony 有六个财年未能实现盈利。2012 年，Sony 将移动设备业务、数字影像业务和游戏业务列为索尼电子业务的核心业务，同时努力扭转电视业务，积极开发新业务。2013 年 4 月 16 日，Sony 宣布和医疗器械厂商奥林巴斯共同设立了内视镜研发公司，正式加入医疗器材行业。

Sony 于 1978 年开始开展中国业务，先后在北京（1980 年）、上海（1985 年）、广州（1994 年）和成都（1995 年）等地设立了代表办事处。索尼（中国）有限公司于 1996 年 10 月在北京成立，统一管理和协调在华业务活动。Sony 在华销售的产品包括平面特丽珑彩电、背投/等离子/液晶彩电、数码相机、笔记本电脑、家用摄录放一体机、家庭影院系统、DVD 播放机、数据投影机、Memory Stick 记忆棒、聚合锂离子电池等。目前，Sony 在华的电子业务规模到已经达到 50 亿美元，总投资额已超过 8 亿美元。

2. 被申请人

被诉企业包括冠捷电子（福建）有限公司、冠捷显示科技（武汉）公司和冠捷显示科技（北京）公司（下文统称"冠捷"）。冠捷主营业务包括液晶平面电视、液晶显示器、平面彩色显示器、AIO 一体机的研发及制造、销售、售后服务，为多个知名电视和个人电脑品牌代工生产，同时以旗下品牌 AOC、ENVISION、TOPVIEW、MAYA 在世界各地分销其产品。1999 年 10 月冠捷在中国香港和新加坡上市，2001 年成为全球第二大个人电脑监视器生产商，2003 年推出其首部液晶电视，2004 年成为全球最大液晶监视器生产商，2005 年收购了飞利浦部分监视器及平面电视业务。冠捷于 2009 年和 2011 年与飞利浦订立协议，分别在全球及中国分销飞利浦品牌监视器和电视。2010 年冠捷科技个人电脑显示器全球市场占有率为 32.8%，位居全球第一，液晶电视全球市场占有率为 7.7%，位居全球第三位。2012 年 4 月冠捷与飞利浦成立合资公司 TP Vision，负责飞利浦电视在世界多个地区的业务。2014 年 6 月，TP Vision 成为冠捷的全资公司。图 2 - 1 为冠捷自 2007 财年至今的总收入和总资产表。其中的 2010 年，冠捷合并营收 116 亿美元，同比增长 44.8%。由于液晶电视市场竞争激烈，液晶电视毛利率由 2009 年的 5.8% 下跌至 2010 年的 5.4%，液晶电视部门营收比重占比为 34.8%，全年的运营利润仅 1704 万美元，下跌 73%；液晶监视器营收比重占比为 54.1%，年度的营业利益增长 65%，达 1.67 亿美元。

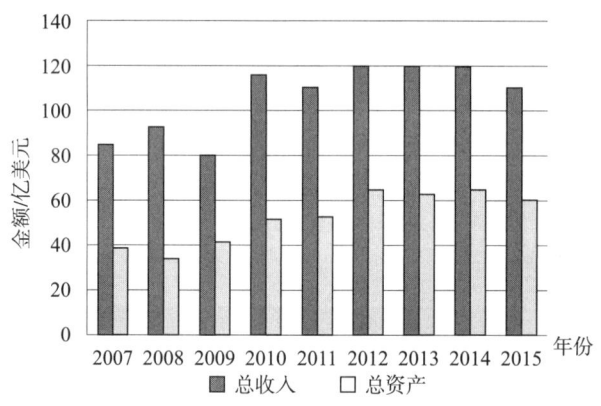

图 2 - 1　冠捷总收入和总资产年度图

目前冠捷主要出货地区为欧洲、中国大陆、北美及世界其他地区，在 2010 年前后，主要地区收益在冠捷集团总收益的占比如表 2 - 3 所示。

表 2 - 3　涉案年前后冠捷各主要出货地区在当年总收益的占比

年份	中国	欧洲	北美
2009	29.6%	28.6%	24.2%
2010	30.8%	31.4%	18.8%
2011	29.3%	26.2%	17.7%

3. 行业背景

1966 年，美国厂商 RCA 率先将液晶技术应用于军方产品，开启了现代液晶显示技术的研究；夏普买下美国 RCA 的液晶技术，其在 1988 年推出的 14 英寸液晶显示屏确立了夏普在液晶显示行业的领先地位。20 世纪 90 年代，液晶显示技术飞速发展，日本液晶产业在此次浪潮中表现突出，1994 年日本在全球液晶市场的占有率高达 94%，1998 年全球液晶显示市场的头三名企业分别为夏普、NEC 和东芝。1995 年起，韩国企业开始大规模进入液晶面板行业，1996 年三星成功研制出 22 英寸液晶显示面板，并在 1999 年占据了全球液晶面板市场 18.8% 的份额，位居第一。相比之下，中国液晶显示的研究工作于 20 世纪 70 年代末起步，但直至 1984 年仍没有量产能力。进入 21 世纪，中国的液晶面板制造业快速发展，液晶面板企业数量大幅增加，然而中资企业中大量为知名厂商的代工企业，缺乏自主品牌，而且电子产品的价格逐渐走低，机会利润基本消失，企业进入"全球化"下完全竞争的市场下的薄利润时代，盈利空间不断压缩。此外，随着全球贸易的发展，金融市场的振荡和国际贸易情况对本行业的影响更为凸显，如 2008 年的金融危机严重打压了液晶显示企业的生存空间。之后的 2009 年液晶显示的市场需求有所回温，电视面板及信息科技面板价格从 2008 年下半年下滑后有所回升，2009 年底价格分别较年初分别高出 10% ~ 25%。2010 年第一季度，市场仍呈现供不应求的情况，但之后，市场需求疲弱、库存增加，导致液晶面板价格下降，继而拉低了液晶监视器及电视的价格，2010 年终，两者的价格较年初价格已下跌达 20% ~ 30%。2011 年液晶显示市场仍在恶化，包括冠捷在内的世界各地液晶显示制造商受到冲击，收入和利润下跌，电视面板价格的跌势在 2011 年下半年更为急速，更多地依赖发展中市场的需求增长支持市场的整体发展。2013 年以后，随着商用显示市场的发展，教育、媒体、广告、会议等行业对大屏显示设备的需求不断增长，据 IHS DisplaySearch 统计，2013 年全球液晶商用公共显示器出货量为 228 万台。近几年来，交互智能平板市场持续升温，给液晶厂商带来了新的机遇。数据显示 2015 年，全球显示面板行业的营收总额为 1290 亿美元，现代全球液晶显示产业的核心位于亚洲，集中于韩国、日本、中国及中国台湾。2015 年 1—12 月，我国液晶显示器出口 3362 万台，金额超过 188 亿元人民币；2016 年 1—9 月，我国液晶显示器出口 2275 万台，金额超过 104 亿元人民币。

2. 10. 2 337 调查历史

1. 立案

在开启 337 调查之前，索尼公司已于 2009 年 10 月 22 日在加州中心区联邦法院提起侵权诉讼，指控冠捷侵犯了 US5，434，626、US5，751，373、US 6，111，614、US 5，583，577、US 5，684，542、US5，731，847、US 6，661，472、US 6，816，131、US Re 38，55 和 US Re 40，468 的专利权。2010 年 2 月 22 日，冠捷应诉并提交了答辩状。

2010 年 3 月 18 日，Sony 向美国国际贸易委员会（ITC）提出申请，将包括冠捷电子（福建）有限公司、冠捷显示科技（武汉）公司、冠捷显示科技（北京）公司、冠捷国际（美国）股份有限公司、TPV 科技有限公司（中国台湾地区）（合称"TPV"）在内的多家公司列为被申请人，主张对美出口、在美进口和在美销售的包括数字电视和监视器的显示设备（Display Devices，Including Digital Televisionsand Monitors）侵犯了其持有的美国专利 US5，434，626 之权利要求 1、4、20—22、29、30、32—33，US5，751，373 之权利要求 1 和 5，US 6，111，614 之权利要求 1—4，US 5，583，577 之权利要求 13、15、19 和 20，US 5，684，542 之权利要求 6 和 8，US5，731，847 之权利要求 11、12、16、27、33—35 和 39—41，US 6，661，472 之权利要求 1—4、8 和 11—15，US 6，816，131 之权利要求 9、12、17、19、25、26、28 和 35，US Re 38，055 之权利要求 41、44、45、61、64，和 US Re 40，468 之权利要求 41—44 的专利权，申请启动 337 调查。

2010 年 4 月 21 日，ITC 确定立案并启动调查程序（《联邦公告》75 *Fed. Reg.* 20860 - 1），案卷号为 337 - TA - 713。

2. 裁决

TPV 积极应诉并在 2010 年 6 月 1 日提交了答辩意见，指出涉诉专利不清楚，并以现有技术为基础提了专利权无效抗辩，申请人 Sony 涉嫌专利权滥用。同时，TPV 谋求与 Sony 达成和解。2010 年 7 月 26 日 Sony 与 TPV 已达成并完全执行了专利许可和解协议。基于该和解协议，2010 年 8 月 24 日，Sony 提交动议申请终止关于 TPV 的 337 调查。2010 年 9 月 7 日，行政法官经检视后批准终止对 TPV 的 337 调查。

申请人的顾问团还提及其已在 2010 年 8 月 20 日与台湾 Chimei Innolux 公司和美国 Innolux 公司（合称"CMI"）的雇员和顾问接触，建议其也与 Sony 达成和解，CMI 表示在有机会审视该动议及和解协议后将保留采取和解的权利。2010 年 8 月 21 日，Sony 提出修改立案申请书的动议，将被诉 CMI 侵权数码电视的侵权范围扩展至 US5，751，373、US6，111，614、US5，583，577、US5，684，542、US5，731，847 和 US6，661，472 号专利，还将侵权 US5，434，626、USRE 38，055、USRE40，468 和 US6，816，131 的产品由 CMI 的 PC 监视器扩展至 CMI 的数码电视。对此 CMI 于 2010 年 8 月 23 日提出了反对意见。经过数次交锋，2010 年 12 月 16 日，Sony 与被申请人 CMI 达成和解，共同提出了终止 337 调查的联合动议，行政法官于 2011 年 1 月 3 日经检视后批准。

2.10.3　结论和启示

在全球液晶显示产业，日本、韩国和我国台湾地区多年来占据 90% 以上市场份额。从 2005 年起，我国多次将平板显示产业列为重点扶持产业，2010 年列为战略性新兴产业。凭借中国作为全世界最大家电生产国、最大家电出口国和最大家电销售市场的地位，我国大陆平板显示产业取得了快速的发展。2011 年底，我国液晶面板产能占全球比重已经提高到 20%，我国企业也逐渐从跨国企业的代工厂转型为具有自主品牌的企业。面对中国企业的发展壮大，更多的美企和跨国企业选择采用知识产权手段试图将中国企业排挤出美国市场。

此案至少在以下三方面为我国企业提供了启示：

1. 关注申请人动向，未雨绸缪

由于 337 调查时间非常紧凑，因此，如果在申请人提起 337 调查后再着手准备证据或抗辩理由，往往会因时间仓促而无法充分准备。但如果能够预测申请人会有很大概率提起 337 调查，而提前准备相关证据，则往往能够大增胜诉率。

从本案来看，申请人提起 337 调查半年之前，在加州中心区联邦法院提起了侵权诉讼。而通过研究其他一些案例也发现，申请人往往会在申请337调查前进行较为频繁的诉讼活动。这也提示我国企业，如果接到美国法院的诉讼，要防范其同时提起337调查的可能性。而未接到诉状的企业也应当关注所出口美国市场的产品相关的诉讼，因申请人在提交337调查时往往会将美国市场上相关产品的所有出口商都列为被申请人。

2. 综合考虑是否应诉

由于337调查应诉费用高昂，耗费企业大量的精力，因此企业需要综合考量多种因素后决定是否进行应诉。就本案而言，TPV作为生产商，既是国际知名品牌的代工企业，其自主品牌也在美国销售，北美市场收入占据集团总收入约20%的份额，一旦放弃美国市场将导致企业的重大损失，因此应诉几乎是TPV的不二选择。

3. 通过和解降低应诉成本

确定应诉后如何控制应诉成本是应诉企业特别关注的议题，而应诉成本主要来源于聘请的律师费用，因此，案件的审理时间越长，成本也越高。在本案中，TPV在抗辩的同时积极谋求和解，得以快速从337调查中脱身，从而避免了调查对企业正常生产的影响，有效地降低了应诉成本。

但和解的达成，是建立在被申请人能够与申请人平等地坐到谈判桌的基础之上。而积极应诉，并提出多种抗辩理由，使申请人感觉自己并不一定能胜诉，往往有助于谈判的进行。因此，从诉讼策略上，有一战到底的勇气，并相应充分挖掘抗辩理由，也许会收到不战而屈人之兵的奇效。从某种意义而言，和解也是一种胜利，有可能达到双方的共赢。

（撰稿人：刘文霞）

 **案例评析**

竞争对手之间发起的337调查，很多时候不仅仅是知识产权之争，更是市场之争。2009年至2011年显示行业的竞争异常激烈。ITC公布的统计数据表明，2009年共新发起337调查37件，其中涉诉产品的7%为LCD/TV产

品；2010 年共新发起 337 调查 58 件，其中涉诉产品的 14% 为 LCD/TV 产品；2011 年共新发起 337 调查 78 件，其中涉诉产品的 17% 为 LCD/TV 产品。由此可见，2009 年至 2011 年也是显示行业 337 调查的"高发年"❶。

2009 年至 2010 年第一季度，液晶显示产品供不应求，电视面板等价格大幅提升。值此期间，TPV 营收增长较为明显，而 Sony 因受全球经济衰退和日元升值等因素的影响，集团亏损较为严重。2009 年 10 月 22 日，Sony 在美国加州中心区联邦法院对包括 TPV 在内的多家显示企业提起了专利侵权诉讼。2010 年 3 月 18 日，Sony 又在美国国际贸易委员会（"ITC"）针对包括 TPV 在内的多家显示企业发起了 337 调查。企图借助专利诉讼和 337 调查等手段对 TPV 进行狙击，试图将 TPV 排挤出美国市场。

面对 Sony 的步步紧逼，TPV 积极应诉，委托律所并提出延期答辩动议，积极参与证据开示，提交书面答辩进行抗辩，同时与 Sony 进行和解并提起共同动议，基于和解协议结束对 TPV 的调查。2010 年 9 月 7 日，ITC 发出第 15 号令，作出初裁结束了对 TPV 的调查。

TPV 边打边谈，双管齐下，五个多月的时间便达成了和解，尽量减小了 337 调查和专利诉讼对市场及商业的负面影响，保证其良好的发展势头，从而取得了较好的业绩。

从 TPV 的应诉经历可知，面对竞争对手发起的 337 调查，应充分考虑调查对美国市场及企业商业运作的影响，如美国市场份额较大或具有成为重要市场的潜能，宜应诉求存，应诉求发展。应诉的同时，宜与竞争对手积极谋求和解，争取以合理的代价快速解决纠纷，以免贻误商业契机，引起更大的商业损失。

如企业处于 337 调查的"高发"行业，企业还可以采取相应的措施，如提前对计划出口美国的产品进行分析，一旦发现有侵权的可能，及时进行规避设计或者事先获得权利人的许可，从而降低被诉的可能性。

（点评专家：孙　齓）

---

❶　统计数据来源于 https：//www. usitc. gov/intellectual_ property/337_ statistics_ types_ accused_ products_ new_ filings. htm 以及 https：//www. usitc. gov/intellectual_ property/337_ statistics_ number_ new_ completed_ and_ active. htm 。

2.11 337-TA-773 联想集团动感声效器、图像显示器、零部件及其同类产品 337 调查案

2.11.1 当事双方及行业背景

1. 申请人

本案申请人为 Ogma, LLC（"Ogma"），总部位于美国得克萨斯州，是一家新兴的专利控股公司，其业务重心在于在消费电子产品和通信领域申请并获得专利授权、维护或许可专利。2011 年 1 月 25 日，涉案专利 US5，825，427 和 US6，150，947 均被转让给 Ogma LLC 公司，Ogma 凭借上述专利对多家知名游戏软件公司和智能终端厂商发起了 337 调查和专利侵权诉讼。Ogma 经常涉入与消费电子产品和通信设备厂商的许可谈判。例如，Ogma 已致信近 60 家经济实体，邀请其许可涉案专利中的至少一项。

2. 被申请人

1984 年，中科院计算所 11 名科技人员创办了联想公司；1989 年北京联想集团公司成立。2002 年，联想成立手机业务合资企业，宣布进军手机业务领域。2009 年 11 月，联想向由弘毅投资为首的一些投资者收购联想移动通信技术有限公司（简称"联想移动"）的所有权益，进军中国移动互联网市场；2010 年 1 月，联想在美国拉斯维加斯正式发布移动互联网战略，并推出其第一代移动互联网终端产品：智能本 Skylight、智能手机乐 Phone 和全新创意的双模笔记本电脑 ideapad U1。2010 年 4 月，联想宣布在中国正式启动移动互联战略，并推出乐 Phone、Skylight、ideapad U160 等移动互联终端。2011 年 1 月 18 日，联想集团宣布成立移动互联和数字家庭业务集团，着力研发移动互联网终端，包括平板电脑、智能手机以及包含云计算、智能电视、数字家庭等品类的终端。2012 年，联想发布了智能电视等创新产品。2014 年 10 月，联想集团宣布已经完成对摩托罗拉移动的收购，成为仅次于三星和苹果

公司的全球第三智能手机厂商。自 2014 年 4 月 1 日起，联想集团成立了四个新的、相对独立的业务集团，分别是 PC 业务集团、移动业务集团、企业级业务集团、云服务业务集团，其产品系列包括台式电脑、服务器、笔记本电脑、智能电视、打印机、智能手机等商品。2015 年 8 月 27 日，联想移动宣布除神奇工场之外的所有联想移动业务都将并入 2014 年初收购的摩托罗拉。

3. 行业背景

涉诉专利 US5，825，427 的独立发明人为 Kenneth J. MacLeod，于 1995 年 8 月 22 日申请并于 1998 年 10 月 20 日获得授权；此专利主要描述画面宽高比 4：3 的 NTSC 电视标准和宽高比 16：9 的 HDTV 高清电视标准的影像调节系统技术，实现在不同装置或不同画面宽高比上播放影像时不会出现误差。

传感器是可以对手机传输过来的特定状态变化进行感应的元件，一旦这些状态发生变化，传感器就会感应并做出相应的操作。对于智能手机而言，人机交互技术已经逐渐超越应用与服务及低功耗设计，成为研究重点，而传感器正是实现人机交互的关键元件，已成为智能手机的标配。动态感应是检测客体相对于其周边环境的位置改变或周边环境相对于该客体的位置改变的过程，可以由红外线、光感、辐射能量、声音、振动、磁力等方式检测到。涉诉专利 US6，150，947 于 1999 年 9 月 8 日申请并于 2000 年 11 月 21 日获得授权，独立发明人为 James Michael Shima；此专利主要描述动态感应装置（Motion Detective Device）应用在具有移动状态的装置上，装置可借由动态感应来判断使用者的动作或是移动，进而透过处理器数字化后转成数字讯号再给软件使用，并转化为特定的音效，该技术广泛应用于游戏与手机的控制器上，为用户带来新鲜刺激的感官体验。

2.11.2　337 调查历史

1. 立案

2011 年 4 月 1 日，Ogma 向美国国际贸易委员会（ITC）提出申请，起初被申请人包括联想美国有限公司、联想控股公司和联想（新加坡）私人有限公司（合称"Lenovo"）。Ogma 指控美国进口以及美国国内市场销售的动感声效器、图像显示器、零部件及其同类产品（Motion-Sensitive Sound Effects

Devices andImage Display Devices Devices and Components and Products Containing Same）侵犯了其美国专利 US5，825，427 之权利要求 1—3 和 US 6，150，947 之权利要求 1、6、7、9 的专利权，申请启动 337 调查并发布排除令和制止令。2011 年 4 月 26 日，由于部分被申请人与 Ogma 达成了和解，Ogma 提出了修改被申请人的动议。基于修改后的立案申请书，ITC 于 2011 年 5 月 13 日确定立案并启动调查程序（《联邦公告》76 *Fed. Reg.* 29006），案卷号为 337 - TA -773。ITC 最终确定 22 家企业作为本案的强制应诉方，Lenovo 涉案。

Ogma 还于 2011 年 2 月至 3 月以上述专利向德州东部联邦地区法院分别针对不同公司共计提出了 4 次专利诉述，涉诉企业包括知名的游戏软件公司，如暴风雪 Activision Blizzard、任天堂 Nintendo、乐高 LEGO、索尼 Sony，以及智能终端厂商如苹果 Apple、佳能 Canon、HTC、联想 Lenovo。

2. 裁决

2011 年 6 月至 10 月间，被申请人 ViewSonic Corp.，Ltd.、VTech Electronics LLC 及其香港控股公司、Vivitek、Sony Ericsson、LEGO、BDA、Optoma、Intec、Christie Digital、Supersonic、Mitsubishi、Kyocera、Lenovo 和 Nyko 先后与 Ogma 达成和解，共同提出终止调查的联合动议，并经行政法官检视后获批。其中，Lenovo 和 Ogma 是基于已达成的授权专利和解协议，共同提出终止调查的联合动议。

2011 年 9 月 12 日，Toshiba America Information Systems，Inc.、Toshiba Corp.、3M Company、Canon Inc. 和 Canon USA 共同提出了举行马克曼听证的申请，指出对于 "image display system" "a video image having an aspect ratio" 等特征，申请人仅提出上述术语具有本领域的通常含义而未给出明确的释义，因此要求行政法官对上述争议含义的术语进行阐释。

基于当事各方的共同需求，行政法官定于 2011 年 10 月 17 日举行马克曼听证。在其对马克曼听证简要说明的初始表述中，Ogma 和被申请人 Jakks 均未就 US6，150，947 所需要的本领域技术人员的水平进行阐述，仅 Ogma 提供了专家报告 "Wolfe Initial Expert Report"，其中提及 US6，150，947 所需的本领域技术人员应具有电子、计算机工程或等同领域的本科学历或经历。调查律师对此未持反对意见。2011 年 12 月 8 日，Jakks Pacific，Inc. 基于同意令提出终止调查的动议，Ogma 未提出反对意见，2011 年 12 月 14 日行政法官检视后批准了该动议。

此外，Canon Inc. 和 Canon U. S. A.，Inc 则对涉诉专利 US5，825，427 的权利要求 3 提出了无效抗辩，现有技术证据为 JPH04 - 322577。2011 年 6 月 22 日，部分其他被申请人也提交了通知，支持 Canon 的上述动议。2011 年 6 月 23 日，Ogma 对此提出了反对意见。2011 年 7 月 22 日，行政法官作出的初裁部分支持了 Canon 的动议，确认 US5，825，427 的权利要求 3 基于现有技术 JPH04 - 322577 是无效的。

2.11.3　结论和启示

在中国企业走入美国市场的过程中，不仅是跨国企业和美企频频发起贸易调查，一些专利运营公司也瞄准了"走出去"的中国大型企业，这类公司本身不具备实施专利技术的能力，甚至并非专利技术的发明者，但其通过大量收购专利构筑知识产权壁垒，以使用相似技术的公司为对象发起专利侵权诉讼，迫使被诉公司达成和解并从中榨取经济利益。这一现象在技术密集型行业尤为突出。本案的启示如下：

1. 国内产业抗辩

就 337 调查而言，ITC 明确要求申请人必须证明其在美国具有与涉案的知识产权有关的国内产业才能提起调查申请，所述"国内产业"的要求只需证明国内产业的存在或正在建立即可满足。因此凡在美国进行的工厂投资或设备投资，或劳动力的雇佣及资本的投入，或开发知识产权的投资等，均视为国内产业。本案申请人 Ogma 为一家专利控股公司，该公司本身并不从事生产或制造，但其通过将涉诉专利授权许可 Source Audio，Inc. 满足了 337 调查立案的国内产业的需求。如果没有实施此专利的情况，则被申请人可以通过"不存在国内产业"的理由进行抗辩。

2. 了解申请人发动调查的目的，针对性制定策略

对于实施专利的申请人，其诉讼目的可能是将被申请人的产品排除在美国市场之外，而对于专利运营公司，其目的大部分都是收取费用，因此，在本案中明确了申请人的目的后，包括联想在内的部分被申请人纷纷通过和解协议使自己尽快从调查中脱身。

这也提示我们，了解申请人的诉讼目的可以使我们采取针对性策略，从而尽快结束 337 调查，使 337 调查带来的负面影响达到最小。

（撰稿人：姚　云）

案例评析

近十年来启动的 337 调查大多是由美国的非经营实体（NPE）发起的。下表为截止到 2017 年 4 月 7 日，美国国际贸易委员会（ITC）公布的 337 调查统计数据❶：

表 2 - 4

Calendar Year	Total No. Invs.	Non - NPE Invs.	Category 1 NPE	Category 2 NPE
5/16/2006 through 12/31/2006	15	14	1	0
2007	35	30	4	1
2008	41	34	6	1
2009	31	23	4	4
2010	56	46	6	4
2011	69	56	4	9
2012	40	27	6	7
2013	42	33	0	3
2014	39	36	0	3
2015	36	34	0	2
2016	54	49	4	1
2017 Q1	13	7	5	1

---

❶　https：//www.usitc.gov/intellectual_ property/337_ statistics_ number_ section_ 337_ investigations. htm．其中，第一类 NPE 是指不制造涉诉专利产品的实体，包括已经完成研发或者建好原型但并未生产涉诉专利产品的发明人（其通过许可来满足国内产业的要求），诸如大学和实验室之类不生产专利产品的研发机构（其通过许可来满足国内产业的要求），拥有知识产权但并不制造专利产品的初创企业，以及其自身产品并不实施涉诉专利的制造企业；第二类 NPE 是指不生产涉诉专利产品的实体，其商业模式主要为购买和主张专利。

　　本案的申请人 Ogma 即为其中之一。Ogma 在 2011 年 4 月 1 日对联想等多家公司发起本次 337 调查之前，已于 2011 年 3 月 16 日在美国德州东区地方法院就美国专利 US5，825，427，对包括联想集团、联想控股公司和联想美国有限公司在内的多家被告提起了专利侵权诉讼。

　　在 ITC 宣布收到起诉状后，联想、索尼、苹果等公司很快向 ITC 递交了自己的意见（comments）。联想在 4 月 14 日提交的意见中指出 Ogma "不存在国内产业"，并且指出本调查案的应诉方合计占有 2010 年全球平板电脑 83% 的销售份额，如 ITC 发出排除令（exclusive order）或停止令（cease and desist order），美国经济的竞争条件将会显著降低。4 月 20 日，鉴于苹果、索尼、HTC 等六家公司已与 Ogma 达成和解，Ogma 向 ITC 请求修改起诉状，不再将这六家公司作为本案的应诉方。基于 Ogma 修改后的起诉状，ITC 于 5 月 13 日发出了启动调查的通知，联想为应诉方之一。

　　6 月 15 日，联想向 ITC 提交了答辩状（answer to complaint），提出了不侵权、无效以及不存在国内产业的抗辩。6 月 22 日，联想和索尼提起了加入简易无效认定的动议（Joinder to Motion for Summary Determination of Invalidity）。之后，联想和其他应诉方一起参加了与 Ogma 的第一次电话和解会议，并于 8 月 26 日向 ITC 提交了会议报告。8 月 31 日，联想和 Ogma 提起了共同动议请求中止本案中联想的截止期限（deadline），ITC 于 9 月 6 日同意了这一动议。9 月 30 日，鉴于双方签署了和解协议，联想和 Ogma 提起了共同动议请求结束对联想的调查，ITC 于 10 月 13 日发布本案第 51 号令，同意结束对联想的调查。

　　从联想的应诉经历可以看出，NPE 发起 337 调查的主要目的在于迫使应诉方达成和解，获取专利许可费。因此，如遭遇 NPE 发起的 337 调查，涉诉企业可以仔细权衡市场收益、和解费用、应诉成本等因素，决定是否应诉及和解。

　　本案以应诉方东芝与 Ogma 和解，行政法官作出初裁同意终止调查而告终。整起案件自 5 月 16 日启动调查到 12 月 21 日调查结束，仅历时 7 个多月。为此，在短时限、快节奏的应诉过程中，涉诉企业应充分把握时机，及时提出不侵权、无效等抗辩主张，必要时还可以和其他应诉方联合应诉，从而为和解争取更多的筹码。

此外，在发起 337 调查之前，NPE 很可能会向涉诉企业发送警告函或许可要约，或者在法院对涉诉企业及其竞争对手提起专利侵权诉讼。因此，企业如能妥善处理警告函或许可要约，就可以避免卷入不必要的调查和诉讼；同时，企业如能多关注行业动态和新闻报道，在条件允许的情况下借助数据库资源进行监控和预警，一旦发现纠纷，及时启动应对机制，还可以为应诉制定更好的策略，赢得更多的时间。

（点评专家：孙　齮）

2.12　337 - TA - 780 敦煌网手机和移动电脑设备保护壳 337 调查案

2.12.1　当事双方及行业背景

1. 申请人

本案申请人为一家设计创业公司 Otter Products, LLC（"Otter"），成立于 1998 年，起初仅涉及经营简单的防潮箱，由 Curt Richardson 及其家人创建，总部位于美国科罗拉多州。凭借其提供的创新多样的款式和坚固的保护功能的保护壳产品，Otter 不断壮大，现已拥有多条为时下热门电子设备而设的保护壳生产线，主要为苹果、三星、HTC、LG、黑莓等智能手机生产保护壳，其产品还涉及平板电脑、音乐播放器等电子产品的保护壳和其他配件。Otter 已成为美国智能手机保护壳畅销品牌，其 OtterBox 手机壳设有"防御者（DefenderSeries）""通勤者（CommuterSeries）""保卫者（PreserveSeries）""铠甲（ArmorSeries）""灵巧（ReflexSeries）"等多个的产品系列，具备防摔、防尘和防水（部分系列）功能，号称可提供智能型手机与平板电脑顶级的防护；例如 Otter 推出的铠甲系列（The Armor Series ©）保护壳采用防水金属锁扣、密封胶圈、端口遮盖、防水网层，实现完全防水，可以浸入水下 2 米达 30 分钟，甚至可承受高达 2 吨重的压力。作为一家设计创业公司，Otter 极其重视其知识产权保护，拥有 "OTTERBOX" "OTTER BOX" "DEFENDER SERIES" 和 "IMPACT SERIES" 等注册商标，其不同系列的产品都拥有多项专利。

2011 年 4 月，位于香港湾仔的 OtterBox 亚太区办事处正式成立，亚太区办事处运营第一年，OtterBox 已进驻十多个国家，产品销售额增长超过 300%。2013 年 12 月 23 日，Otter 正式通过天猫进入中国市场，2014 年 8 月 28 日宣布与联想公司建立全球性的合作伙伴关系，并于 2014 年 9 月 24 日宣布为联想 VIBEX2 智能手机推出度身定制的保护套。到 2013 年，Otter 的销售额达到约 9.25 亿美元，其中 75% 来自苹果相关产品。同年 Otter 还收购了其竞争对手 LifeProof。2014 年 Otter 公司估值高达 25 亿美元。

2. 被申请人

2004 年，电子商务网站敦煌网（DHgate.com）由王树彤创立。2005 年，敦煌网完成商业模式认证，实现在线交易；2006 年获得第一笔融资；2009 年的交易额已超过 25 亿元人民币。其在 2011 年的交易达到 100 亿元规模。DHgate 是国内首个为中小企业提供 B2B 网上交易平台的网站，采用 EDM（电子邮件营销）的营销模式，在自建的 EDMSYS 平台上，用户可以自由订阅英文 DM 商品信息，以了解市场最新供应情况。

3. 行业背景

手机保护壳是一种重要的手机周边产品。据统计，手机意外毁损的概率相较于手机遗失或遭窃的概率高上十倍，迫使消费者额外花费修复或购买新机。随着智能手机的畅销以及产品外观的高度同质化，手机保护壳通过外观的差异化和功能化提高了产品附加值，成为一个独立商品，市场规模日益壮大。迅速庞大的市场也让整个手机壳产业的竞争变得日趋白热化，促使 Otter 选择肃清在美国市场销售的 iPhone 手机套 "山寨" 产品。Outter 选择对贸易商进行 337 调查，即便无法明确产品的生产商，只要侵权产品通过这些 B2B 平台销往美国，就属于被调查的对象。

此次调查是 337 调查框架下国内第一起电子商务企业被诉案件。中国的电子商务始于 1997 年，自 2001 年起我国电子商务产业开始快速发展，2007

年全国电子商务交易总额达到 2.17 万亿元，2012 年则突破了 8 万亿元，在很短的时间内就已占据了经济的主导地位。但在繁荣市场的背后，在线电商平台一度成为知识产权侵权的重灾区，主要表现为未经权利人许可通过互联网销售侵犯他人知识产权的商品，"水货""高仿""代工厂尾单"泛滥。随着跨境电商的发展和越来越多的电商赴美上市，侵权问题不仅给消费者和权利人带来了直接的利益损害，也将阻碍第三方电子商务企业的正常发展。但目前，我国相对于电商的知识产权立法和执法均远远滞后于产业的发展。

2.12.2 337 调查历史

1. 立案

2011 年 5 月 25 日，Otter 向美国国际贸易委员会（ITC）提出申请，主张对美出口、在美进口和在美销售的（手机、笔记本电脑等电子设备）保护壳及其同类产品（Protective Cases and Components Thereof）侵犯了其专利权，申请启动 337 调查。在立案申请书中，申请人建议 ITC 将共计 30 家企业作为本案的强制应诉方，涉案中国企业多达 13 家，其中就包括网络运营商阿里巴巴香港有限公司（Alibaba.com）和敦煌网（DHgate.com），还包括了深圳安贝斯电子公司、广州 Evotech 工业公司、深圳全运电子公司、广州 Sinatech Industrial 有限公司等生产商。申请人指控其进口并在美销售的部分保险壳及其组件侵犯了申请人拥有的 USD600908、USD617784、USD615536、USD617785、USD634741、USD636386 的专利权，US7933122 之权利要求 1、5—7、13、15、17、19—21、23、25、27、28、30—32、37、38、42 和 44 的专利权，以及 US3788534、US3788535、US3623789 和 US3795187 的商标权。

2011 年 6 月 20 日，在 ITC 正式立案之前，阿里巴巴向 ITC 主张，其作为一家提供电子交易的网站平台，既非涉案产品的制造者，也非涉案产品的进口者，而申请人在申请书中也未有效证明阿里巴巴作为拥有者、进口商或委托商涉嫌在美销售或进口符合上述其他主体或行为要件，故 ITC 对其无管辖权。而申请人在随后的答复中认为，只要阿里巴巴销售、许诺销售涉案产品和涉案产品随后进口至美国有联系，哪怕其作为中间商或代理商，就可以认定 ITC 对其有管辖权。ITC 支持了申请人的主张，认定 ITC 对于阿里巴巴拥有管辖权。2011 年 6 月 30 日，ITC 确定立案并启动调查程序（《联邦公告》78 *Fed. Reg.* 38417），案卷号为 337 - TA - 780。

2. 初裁

行政法官于 2011 年 8 月 3 日发布的初裁公告中准许申请人将 Global Cellular 佐治亚州 Alpharetta 有限公司添加为被申请人的动议。此后，各被申请人采用了不同的应对方式，其中 11 家企业通过和解协议、同意令或申请人撤诉的方式结案，此外除美国田纳西州纳什维尔的 Griffin Technology, Inc. true 有限公司外的其他企业缺席调查。在涉华被申请人中，2011 年 9 月 22 日，行政法官发布初裁公告确认 Alibaba. com 和 DHgate. com 与申请人达成了私下和解协议，ITC 决定对该结果不再复审。除此之外，除中国香港 Better 科技集团有限公司以外的其余涉华企业均缺席调查并收到了普遍排除令。

2012 年 4 月 9 日至 11 日，行政法官安排了听证。2012 年 6 月 29 日，行政法官发布了终裁报告，裁定 Griffin 与所有缺席被申请人违反了 337 条款的相关规定，缺席被申请人的涉案产品侵犯了申请人主张的专利和商标的专利权，Griffin 的部分涉案产品，即用于 iPad 2 的 Griffin Survivor 和用于 iPhone 4 的 Griffin Explorer 侵犯了 US7933122 的专利权，而用于 iPhone 4 的 Griffin Survivor 和用于 iPod Touch 的 Griffin Survivor 不构成侵权。

3. 复审及终裁

2012 年 7 月 16 日，Otter 和调查律师均申请发起对初裁结果的复审。2012 年 7 月 17 日，Griffin 也提出了复审请求。2012 年 7 月 24 日，当事各方提交了复审答辩状。

2012 年 8 月 30 日，ITC 决定对终裁结果中的一项主题，即用于 iPod Touch 的 Griffin Survivor 不构成侵权的裁决结果进行复审并要求当事各方就该主题、救济措施、公众利益和保证金提供简短说明，对案中的两件关键性专利的初裁结果进行复审。2012 年 9 月 14 日，当事各方提交了书面意见，2012 年 9 月 21 日，当事各方提交了答辩意见。

在审查了包括行政法官终裁报告在内的调查记录后，委员会决定撤销行政法官作出的关于用于 iPod Touch 的 Griffin Survivor 不构成对 US7933122 的侵权的裁定结果，但支持了行政法官的其余裁定结果。

4. 救济措施

Otter 起初要求对每一被申请人设定单独的保证金比率，申请对每一保护壳提供 42.38 美元的保证金；调查律师对此持反对意见，认为该保证金明显过高。之后，Otter 提出修改保证金额度，按照平板保护壳和非平板保护壳分别设立不同的保证金标准，分别为 331.80% 和 195.12%；行政律师支持对除 Griffin 以外的被申请人设立上述保证金标准，但认为对于 Griffin 的平板保护壳的保证金应限定为 12.45%，因其售价低于 Otter 的产品。在初裁报告中，行政法官支持行政律师的观点，即裁定 Griffin 需缴纳平板电脑保护壳进口值的 12.45% 作为在总统审查期内临时进口涉案平板电脑保护壳及其组件的保证金，非平板电脑保护壳无须缴纳保证金；缺席企业需缴纳平板电脑保护壳进口值的 331.80% 和非平板电脑保护壳进口值的 195.12% 作为在总统审查期内临时进口涉案平板电脑保护壳及其组件的保证金。

复审后，基于本次调查作出的被申请人违反 "337 条款" 的终裁结果，ITC 决定颁布如下救济令：（1）普遍排除令，禁止进口未经许可的落入 USD600908、USD617784、USD615536、USD617785、USD634741、USD636386 的外观专利，US7933122 权利要求 1、5—7、13、15、17、19—21、23、25、27、28、30—32、37、38、42 和 44 中的一项或多项，或 US3788534、US3788535、US3623789 和 US3795187 的商标权保护范围内的保护壳或其组件。（2）针对美国被申请人 Cellet、Hoffco、Hypercel、MegaWatts、National Cellular、SmileCase、TheCaseInPoint 和 TheCaseSpace 的制止令，禁止其实施或通过网络实施进口、销售、推销、广告、分销、提供销售、运送（基于出口目的除外）落入 USD600908、USD617784、USD615536、USD617785、USD634741、USD636386 的外观专利，US7933122 权利要求 1、5—7、13、15、17、19—21、23、25、27、28、30—32、37、38、42 和 44 中的一项或多项，或 US3788534、US3788535、US3623789 和 US3795187 的商标权保护范围内的保护壳或其组件，或诱导美国代理商或经销商从事上述行为。（3）针对 Griffin 的制止令，禁止其在美实施或通过网络实施进口、销售、推销、广告、分销、提供销售、运送（基于出口目的除外）落入 US7933122 权利要求 1、5—7、13、15、17、19—21、23、25、27、28、30—32、37、38、42 和 44 中的一项或多项保护范围内的保护壳

或其组件，或诱导美国代理商或经销商从事上述行为。

ITC 裁定 Griffin 需缴纳平板电脑保护壳进口值的 12.45% 作为在总统审查期内临时进口涉案平板电脑保护壳及其组件的保证金，非平板电脑保护壳无须缴纳保证金；缺席企业需缴纳平板电脑保护壳进口值的 331.80% 和非平板电脑保护壳进口值的 245.53% 作为在总统审查期内临时进口涉案平板电脑保护壳及其组件的保证金。对所有其他侵权产品，ITC 裁定需缴纳进口值的 100% 作为在总统审查期内临时进口涉案保护壳及其组件的保证金。

2.12.3　结论和启示

在过去的 337 调查中，被诉的中国企业通常是制造企业。本案中，ITC 就此案的管辖权的认定将对中国乃至全球的电子商务企业产生重要的影响。该案启示如下：

1. 电商也需防范 337 调查风险

网络购物不再是侵权产品的避风港，网络交易平台服务商也需承担侵权从属责任。通过该案，ITC 确立了只要电商销售、许诺销售涉案产品和涉案产品随后进口至美国有联系，哪怕其作为中间商或代理商，就可以认定 ITC 对其有管辖权。本案中的阿里巴巴和敦煌网都作为被申请人被提起了 337 调查。因此电商提供商须切实履行其监督职责，而不是一味地寻求免责。目前，两家电商都宣传并建立知识产权合作与诚信体系。阿里巴巴公司建立了"阿里巴巴集团知识产权保护平台"；与浙江省知识产权局自 2010 年开始合作打击专利侵权，并在 2014 年与浙江省知识产权局共同签署了知识产权保护合作备忘录，联手打击电子商务领域专利侵权行为、探索完善电子商务领域知识产权维权体系。2012 年敦煌网与 IACC（国际反假冒联盟）签署了备忘录，共同推进品牌保护工作；并与全球领先的网络内容合规情况监察和电子商务风险管理领导者 G2 公司签订新的合作协议，提供全平台的产品合规监控服务，全面保护平台卖家的产品侵权风险。此外，越来越多的中国企业走向了设计创新的道路，Otter 的发展历程尤其是其知识产权策略的经验也是中国设计企业借鉴的对象。

2. 保证金和裁决结果同案不同判

针对每个被申请人，裁决结果和保证金可能不同，是 337 调查的特色之一，哪怕 ITC 最后认定所涉专利是无效的，对于缺席的被申请人，也会单独发布排除令等措施。在该案中，不同的被申请人最终需要缴纳的保证金不同，但肯定是缺席的被申请人需要缴纳的比例最高。

（撰稿人：吴　燕）

案例评析

1. 美国国际贸易委员会对于 337 调查案的管辖权是针对所调查的产品，不是针对被告的个人管辖权。而且"337 条款"是一个针对贸易的法条，因此对管辖权要求与一般专利诉讼不同。而此案行政法官对于管辖权的解释虽然并未上诉至美国联邦巡回上诉法院（CAFC），但对预期将"337 条款"所调查的产品销售、许诺销售或进口到美国的解释，在 2013 年的另一个案例中被美国联邦巡回上诉法院认可了。因此，电商未来必须面对同样的风险，但风险会相对降低。

2. 对于"水货"问题，可能牵扯到商标侵权，对电商也是有一定的影响，尤其是除了美国国际贸易委员会可能是个商标权人维权的平台，美国海关也是个更直接禁止进口的管道。

3. "337 条款"调查中，虽然诉讼时间压缩，美国民事诉讼中的证据挖掘程序（Discovery）范围会缩小，但诉讼中对于证据的要求不可忽略。因此，聘请熟悉 337 调查或民事诉讼程序的美国律师是必需的。

4. 此案从保证金不同就可看出，对于 337 调查案或是其他知识产权诉讼应诉是必需的，哪怕是和申请人律师要求延长回复诉状的时间等程序上的沟通，不能置之不理。这些都是国际贸易的游戏规则。如同前案点评中说明，固定的诉讼预算是必要的，而且需要时常关注 ITC 的 337 调查公告。

（点评专家：袁丹吉）

2.13　337 – TA – 849 橡胶树脂及其制备方法商业秘密 337 调查案

2.13.1　当事双方及行业背景

1. 申请人

本案申请人为圣莱科特国际集团（SI Group，Inc.，简称"SI 集团"）。公司起源于 1903 年由 GE 出资建造的一座用来生产绝缘漆和复合物的设施，1906 年由通用电气（GE）的员工 W. Howard Wright 先生组建了 Schenectady Varnish Company。随着公司的发展，业务扩展到生产清漆和农用上光剂。在此期间，公司开发出的在导线上施加 Schenectady Spar Varnish 涂布层以形成发动机和变压器的线圈的技术使其大获成功，Schenectady Spar Varnish 成为导线上光剂的行业标准。1955 年，公司开始全球扩张，并于 1962 年更名为 Schenectady Chemicals，Inc.。1968 年，W. Howard Wright 研发中心落成并投入使用。在 20 世纪 60—90 年代，公司已扩展为在多国具有工厂和客户的国际制造商，具备电子分部、树脂分部和化学分部三大业务部门。1993 年，公司更名为 Schenectady International，Inc.（SII），并在当年晚些时候并购了瑞士烷基苯酚生产商 Alphen Pratteln，SII 的化学分部已成为世界领先的烷基苯酚生产商，并通过了 ISO – 9002 质量体系验证。1995 年，公司进行了重组，将电子和树脂分部合并为聚合物分部，并于 1998 年通过了 ISO – 9002 质量体系验证。为纪念公司创始人，Niskayuna 工厂被重新命名为 Henry/Howard Wright 研究中心。2001 年，公司在美国纽约州设立全球总部。2005 年，公司的年营业额达到 10 亿美元。2006 年，在纪念创建 100 周年之际，公司更名为 SI Group，Inc.。2007 年，集团年营业额达到 15 亿美元。

SI 集团现在 10 个国家设有本地化办事处，超过 2700 名雇员，客户遍及 90 多个国家和地区，成为国际领先的化学品开发商和制造商，专注于橡胶树脂、抗氧化剂、燃料和润滑剂、塑料添加剂、工业树脂、粘胶树脂、表面活性剂、工程塑料、原料药和特殊化学品九大主要细分市场。2000 年，圣莱科特上海代表处成立并于次年在上海购置工程用地；2002 年成立圣莱科特上海贸易有限公司；2003 年开始建设酚醛树脂工厂；2004 年、2006 年和 2008年，轮胎用酚醛树脂 PR－0 生产线、PR－1 生产线和液体酚醛树脂 PR2 生产线相继投产。圣莱科特化工（上海）有限公司（简称"上海圣莱科特"）成立于 2000 年 12 月 21 日，原名十拿化工（上海）有限公司，于 2006 年 9 月14 日变更为现名。

2. 被申请人

自然人被申请人杨全海（Quanhai Yang）是被申请人中国华奇（张家港）化工有限公司（Sino Legend（Zhangjiagang）Chemical Co., Ltd. of China，简称"华奇化工"）的董事长，也是被申请人上海伦赛（Lunsai）国际贸易公司的法人代表。

华奇（张家港）化工有限公司由香港华奇集团有限公司于 2006 年 8 月11 日在华设立，坐落于江苏张家港市扬子江国际化学工业园区，2007 年底开始生产 SL－1801 产品。现已拥有年产对－叔丁基苯酚甲醛增粘树脂 15000MT（SL－1400 系列）、对－特辛基苯酚甲醛增粘树脂 25000MT（SL－1800 系列）、间苯二酚甲醛树脂 10000MT（SL－3000 系列）、其他类酚醛树脂10000MT（如酚醛补强树脂，SL－2100、2200 系列）的生产能力，为亚洲产能重要的橡胶及轮胎行业用酚醛树脂及间苯二酚树脂厂商之一。华奇化工在全面投产后仅用不到五年时间便成为亚洲范围内为轮胎和橡胶行业供应树脂的最大厂商，占据 70% 的中国市场和 30%～35% 的其余亚洲市场。该公司的产品销往在亚洲运营的 15 大跨国轮胎企业中的 13 家以及大多数中国本土轮胎厂家。2014 年 6 月 25 日，公司更名为华奇（中国）化工有限公司。

2008 年 8 月 11 日，华奇化工向国家知识产权局提交了申请号为200810041551.7、发明名称为"烷基酚热塑树脂生产的改进工艺"的发明专利申请，于 2013 年 8 月 7 日授权公告，授权权利要求包括 17 项，其中权利要求 1－14 涉及用于橡胶配方的烷基酚热塑增粘树脂的生产工艺方法。

涉案关键人 Jack Xu（徐捷）自 2004 年 4 月 14 日起就职于上海圣莱科特，担任生产部门经理职务，此后不久上海圣莱科特开始生产 SP－1068 增粘

树脂产品。2006 年 6 月 5 日，徐捷任上海圣莱科特松江工厂厂长，负责 SP -
1068 产品的生产工作。2007 年 4 月徐捷与上海圣莱科特合同到期，于当月 30
日二者劳动合同解除。从 2007 年 5 月起，徐捷任职于华奇化工。

3. 行业背景

在轮胎的制备工艺中，例如将多层橡胶化合物压合时需要增黏剂的作用。
合成橡胶需要活性酚醛树脂成分，酚树脂经苯酚（或取代苯酚）与甲醛（或
甲醛前体）在碱性或酸性催化剂作用下缩合制得。烷基化苯酚是最常用的取
代产物。中间体对叔辛基苯酚（"PTOP"）是最常用的增黏剂组分。申请人
提及的商业秘密工艺包括烷基化反应制得对辛基苯酚和缩合反应形成增黏树
脂和水两个步骤。

本案中，SI 集团享有轮胎用 SP - 1068 增粘树脂产品的生产流程、工艺、
配方等相关技术，上海圣莱科特自 2004 年起经 SI 集团授权，在中国独占实
施涉案商业秘密生产、销售 SP - 1068 增粘树脂产品。

2.13.2　337 调查历史

1. 立案

2012 年 5 月 21 日，SI 集团向美国国际贸易委员会（ITC）以中国法院没
有对其在华企业上海圣莱科特指控华奇化工侵犯商业秘密的案件做出及时判
决为由，申请启动 337 调查，并于 2012 年 6 月 12 日对立案申请书进行了修
改。SI 集团建议的强制应诉方为 12 家企业和 3 名个人，包括香港华奇（Sino
Legend）集团、香港华奇有限公司、中国华奇（张家港）化工有限公司、上
海彤程（Red Avenue）化学用品有限公司、上海伦赛国际贸易公司等中国企
业，3 名个人被申请人之一为华奇化工的董事长杨全海先生（北京朝阳区）。
申请人诉称，华奇化工通过接触 SI 集团上海子公司的关键员工（即徐捷）获
得了与 SP - 1068 增粘树脂生产工艺和 C&R 橡胶树脂生产工艺相关的技术秘
密，被申请人华奇化工使用了前述生产工艺制造了相关产品并准备出口至美
国市场，对美国内产业造成了破坏和切实损害，请求 ITC 认定华奇化工的行
为侵犯了该公司的技术秘密并发布排除令和制止令。在立案申请书中，SI 集
团提及的华奇化工涉诉产品包括 SL - 1801、SL - 1801LFP、SL - 1802、SL -

1802LFP、SL－7015 和 SL－1805，但在听证后的简单陈述中 SI 集团未提及 SL－1805 产品，因此行政法官视为申请人已放弃了对 SL－1805 产品的调查请求。

2012 年 6 月 26 日，ITC 确定立案并启动调查（《联邦公告》77 *Fed. Reg.* 38083－84），案卷号为 337－TA－849。

2. 初裁阶段

（1）管辖权

申请人指控，被申请人华奇化工于 2006 年雇用了 SI 集团上海公司的前总经理赖承仪（C. Y. Lai）和时任 SI 集团上海公司工厂厂长的徐捷，并通过该雇员盗用了申请人享有的 SP－1068 增粘树脂产品的生产工艺的商业秘密，并将依据该工艺制备的相关产品其进口至美国。对此，华奇化工认为，进口至美国的涉诉华奇产品的价值低于 30000 美元，其余所有涉诉行为发生在海外，ITC 不具有管辖权。而行政法官认为，该盗用商业秘密的结果导致了采用该工艺制得的产品被进口至美国，并对国内产业造成损害，因此 ITC 对涉案主题和标的物均具有管辖权。申请人还指控涉诉个人被申请人作为公司雇员或管理者单独实施了所述行为，杨全海招募并雇用了申请人的前雇员并将自己列为华奇化工中国专利申请的发明人。被申请人以申请人并未提供证据表明杨全海实施了将涉诉产品为进口而销售、进口或进口后销售至美国的个人行为为由提出了反对意见。但行政法官认为，杨全海通过答复申请书和调查通知、参与调查、出席听证并提交听证后联合简短说明的方式已默认了 ITC 对其具有个人管辖权。

（2）初裁

SI 集团和被申请人于 2013 年 1 月 25 日就能否达成和解进行了会谈，但未达成和解协议。2013 年 2 月 6 日，被申请人致信行政法官提供了杨全海的证人证言。2013 年 4 月 1 日至 5 日，行政法官举行了证据听证程序。

2013 年 6 月 17 日，行政法官发布了初裁公告，裁定对于部分涉诉技术方案，申请人已采取了足够的措施保护该技术并提供了足够的证据证明其商业价值，且被申请人并无证据表明该技术属于本领域已知技术，因此裁定本案中存在有效的商业秘密；包括杨全海先生在内的个人被申请人与商业秘密盗用行为相关联，包括华奇化工在内的企业被申请人盗用了该商业秘密，SL - 1801、SL - 1801LFP、SL - 1802、SL - 1802LFP 的进口行为违反了 337 条款的规定，建议 ITC 发布普遍排除令。

3. 终裁及救济令

2013 年 7 月 1 日，SI 集团和被申请人均提出了复审请求。申请人（2013 年 7 月 17 日）、纽约州化学品联盟和美国化学学会（2013 年 8 月 14 日）分别就公众利益问题发表了陈述意见。2013 年 9 月 9 日，ITC 决定就初裁实体问题进行复审，并就复审、救济措施、公众利益和保证金问题征求各方意见。2013 年 9 月 23 日和 30 日，各方提交了书面意见和答复意见。

在考虑了书面意见和调查记录后，2014 年 1 月 15 日 ITC 发布了终裁结果，驳回了 SI 集团关于禁止进口 SL - 7015 和 SL - 1805 的复审请求，并推翻了初裁建议的普遍排除令，裁定 SI 集团起诉华奇化工侵权的多个秘点不受保护，但包括华奇化工、上海彤程化学用品有限公司、上海伦赛国际贸易公司在内的部分被申请人违反了"337 条款"，撤销了对自然人杨全海先生违反"337 条款"的指控。ITC 发布了有限排除令：在 10 年内禁止进口任何依据 SP - 1068 橡胶树脂商业秘密制备的、由上述被判定违反"337 条款"的被申请人或其附属公司、母公司、子公司、代理商、其他相关经济体或其承继者、受托者生产或代表其生产的橡胶树脂产品。此外，ITC 裁定以进口值的 19% 作为在总统审查期内临时进口涉诉产品的保证金。

2.13.3 结论和启示

2000 年以来，中国企业的发展使中美贸易摩擦不断加大，以侵犯技术秘密为由发起的 337 调查案件呈上升趋势，本案中华奇化工的快速壮大被 SI 集团视为巨大的威胁，从而发起了 337 调查的贸易战。本案启示中国企业需要防范以"侵犯技术秘密"为由发起的诉讼。

自 2008 年起，SI 集团已与华奇化工已在华有多起知识产权领域的争议与诉讼：

- 2008 年 11 月 26 日，上海圣莱科特以侵犯商业秘密为由，向上海市公安局经济犯罪侦查总队（下称"上海经侦"）报案，称华奇化工通过雇用其前员工徐捷盗取其商业秘密。应上海经侦委托，上海市科技咨询服务中心（下称上科中心）出具了鉴定报告，报告称上海圣莱科特生产 SP – 1068 产品的生产配方和生产工艺中含有不为公众所知悉的技术信息，但二者部分工艺特征存在明显区别。2009 年 9 月 4 日，上海经侦以没有犯罪事实为由对上海圣莱科特的报案不予立案。

● 2010 年 3 月 5 日，上海圣莱科特于向上海市第二中级人民法院（下称"上海二中院"）提起（2010）沪二中民五（知）初字第 38 号、第 39 号两起"专利申请权权属纠纷"及"侵害商业秘密纠纷"诉讼，庭审时将其原主张的两个技术秘点变更为其生产 SP – 1068 产品的具体技术信息共 10 个秘点，并对原主张秘点的具体内容进行了变更。2011 年 3 月 24 日上海圣莱科特以就案件相关事实和理由需增加原告及证据并重新起诉为由撤回起诉。

● 2011 年 3 月 29 日，SI 集团和上海圣莱科特再次向上海二中院以同样案由提起诉讼，主张其工艺的以下 20 个技术信息为秘点：（1）产品的工艺流程；（2）首次反应原料的规格及来源；（3）在首次反应阶段使用回收物作为部分反应原料；（4）首次反应原料的配方数值；（5）首次反应阶段的加料顺序及方式；（6）首次反应阶段的温度控制；（7）首次反应阶段的催化剂规格及来源；（8）首次反应阶段中控参数的选择；（9）首次反应中控参数的设定；（10）反应釜；（11）二次反应阶段使用的 A 原料来源及规格；（12）二次反应原料的配比数值；（13）二次反应阶段的催化剂；（14）二次反应阶段的加料程序；（15）二次反应阶段催化剂用量；（16）二次反应阶段添加 B 原料时的温度控制；（17）二次反应阶段的中和剂；（18）二次反应阶段中和剂的用量；（19）二次反应阶段添加中和剂时的控制指标；（20）生产 SP – 1068 产品的技术方案；此外，两原告诉称，华奇化工提交的申请号为 200810041551.7 的中国发明专利申请披露了其工艺秘点。经审理后，上海二中院于 2013 年 6 月 17 日做出判决，认定华奇的产品工艺系自主研发的成果，圣莱科特的所有诉讼请求没有任何事实和法律依据，法院不予支持。2012 年 12 月 21 日，法院就涉案技术问题委托工信鉴定所进行技术鉴定。2013 年 5 月 14 日，工信鉴定所向法院出具《司法鉴定意见书》。上述《司法鉴定意见书》认为：（1）两原告主张的秘点 4、9、10、11、12、15、16、20 以及秘点 6

中的首次反应阶段加入 C 原料的温度控制属于非公知技术信息；（2）华奇公司生产 SL – 1801 产品的技术信息，与上述两原告主张秘点中属于非公知技术信息的技术信息不相同且实质不同；（3）华奇公司涉案树脂专利中的技术信息，与上述两原告主张秘点中属于非公知技术信息的技术信息，不相同且实质不同；（4）华奇公司提供的自主研发材料显示了华奇公司 SL – 1801 产品的研发过程。2013 年 5 月 29 日至 30 日两原告经法院合法传唤，无正当理由拒不到庭参加诉讼，法院依法予以缺席判决。2013 年 6 月 17 日，上海二中院认定圣莱科特指控华奇化工披露并使用了其商业秘密的诉求无事实和法律依据，法院不予支持，驳回其诉求。圣莱科特提出上诉。

● 上海市高级人民法院于 2013 年 7 月 30 日受理对圣莱科特的上诉请求，在 2013 年 10 月 12 日以缺乏事实和法律依据为由，做出驳回上诉维持原判的终审判决。圣莱科特不服终审判决向最高人民法院申请再审。2015 年 12 月 2 日，最高院驳回圣莱科特的再审申请。

● 2013 年 11 月 28 日，华奇将圣莱科特与上科中心列为共同被告，在上海二中院提起侵害技术秘密诉讼。法院于 2016 年 4 月 28 日开庭进行宣判。上海二中院经过审理后认为，华奇主张的秘点具有非公知性，且圣莱科特通过刑事侦查程序、民事诉讼程序获取了华奇公司的技术秘密，因此判决圣莱科特不得披露、使用华奇主张的技术秘密。

● 2014 年 5 月 21 日，华奇以上海圣莱科特向国内外客户散发不实言论的信函以及在网站上发布虚假信息，对华奇商誉造成诋毁，向张家港市人民法院提起商业诋毁纠纷诉讼。张家港法院在 2015 年 5 月 5 日判决确定上海圣莱科特存在侵权行为，要求上海圣莱科特向指定客户发送及在特定媒体上刊登澄清信函，并赔偿华奇经济损失 100 万元。

本案中，ITC 行政法官初裁结果与上海二中院的一审宣判同日作出，结果截然不同，令人深省。337 调查真正涉及美国市场的华奇化工相关树脂产品仅数吨，而 SI 集团利用多种手段，包括存在追加被告、申请撤诉、拒不到庭诉讼等在华拖延诉讼程序，并将发生在中国境内的争议行为在中国法院尚未作出裁决之际以中国法院未及时判决为由提出 337 调查申请，华奇化工为此付出超过千万美元的应诉成本，以及商机损失、声誉损失等其他损失。一方面，中国企业自身在技术和知识产权策略上的成长刻不容缓，企业在走向海外市场的过程中需要加快从竞争对手处吸取经验，学会熟练运用游戏规则。另一方面，中国司法体系在维护中国司法主权完整的同时，也需要开拓思路，为中国企业提供更多的指导。

（撰稿人：郑少君）

 **案例评析**

橡胶树脂及其制备方法商业秘密337调查案也是一起值得关注的案例。

涉及商业秘密的337调查案在ITC发起的337调查案中数量非常有限。人们知道，美国的337调查案中，涉及专利的案件最多，为95%左右；涉及商业秘密、商标、版权、商品外观、反垄断等方面的案件仅占约5%。

不过，涉及商业秘密的337调查案在进入21世纪后逐渐增多。有数据统计显示，在2000年以前涉及商业秘密的337调查案凤毛麟角，而从2002年到2014年7月，该类案件即累计达到了13起，并且其中有8起涉及中国企业。本案也包括在其中。

涉及商业秘密的337调查案，其应对思路与涉及专利的337调查案有不少差异。如，被告需要尽可能早地确定原告所称的商业秘密范围，而原告则往往希望推迟披露自己所称的商业秘密范围，以便在更多地获取被告有关资料后才披露；又如，在原告披露其商业秘密范围之后，被告往往会对相关技术和信息是否构成商业秘密进行反驳，而原告则需要证明自己所指称的商业秘密不是公知的，且具备经济价值。可以看到，这些争议的背后，无论对于原告还是被告，都包括很多敏感技术信息在调查中的披露，因而增加了企业泄密的风险。

而就本案来说，案情中值得关注的则不仅仅在于调查中关于管辖权、商业秘密认定等在内的事项，更在于本案实际上是另一起发生在中国商业秘密案的跨国延伸，并且是新老竞争对手在市场之外、法律层面的较量。

这一情况显示了另外一类企业知识产权诉讼行为：实力雄厚的老牌企业

为压制新崛起的竞争对手，而针对特定企业进行长期、系列诉讼。这类诉讼往往并不以寻求许可费或侵权赔偿为目的，而是希望以沉重的诉累拖垮对手、压制对手发展，用法律途径打垮对手。

本案即带有类似的特征。双方的官司从 2008 年一直打到 2016 年 9 月，从中国打到美国，又打回中国❶。这一过程中无疑对被告华奇化工形成了巨大的诉累，并且对其商誉形成了极大的负面影响。从这些案件的诉讼经过可以看出，圣莱科特的目的绝非获取赔偿那么简单，而是要动摇华奇化工的商业信誉，维护自己与诸多轮胎厂商的合作。

面对这一类诉讼对手，对于企业来说，首先需要有称职且有相关经验的资深律师，并且做好长期应诉的准备。与此同时，还应在知识产权方面积累自己的战略储备，在合适的时机形成与对手讨价还价的筹码，通过"战备"来达成与对手之间的诉讼平衡。

（点评专家：李　贺）

2.14　337 – TA – 890 北京怡和嘉业睡眠障碍呼吸系统 337 调查案

2.14.1　当事双方及行业背景

1. 申请人

本案申请人包括瑞思迈（又译为雷斯梅德）加利福尼亚圣地亚哥公司、瑞思迈加利福尼亚圣地亚哥股份有限公司和瑞思迈澳大利亚新南威尔士有限

---

❶ 除了案例中的相关案情叙述外，华奇化工与圣莱科特还曾发生商业诋毁案诉讼。2010 年 2 月，上海二中院对圣莱科特提出的华奇化工专利侵权及商业秘密案尚未审理完结之前，就连续发函给日本企业及国际三大轮胎厂（包括米其林（中国）投资有限公司、住友橡胶实业、东洋轮胎橡胶有限公司、固特异轮胎管理（上海）有限公司、日本横滨橡胶有限公司、大陆马牌轮胎贸易（上海）有限公司等），称华奇侵犯其商业秘密，且上述行为已得到认可机关的确认。华奇就此向张家港市人民法院对圣莱科特提起了商业诋毁诉讼。张家港市人民法院在 2015 年 5 月对该案做出支持华奇化工的判决。圣莱科特不服，向苏州市中技人民法院提起上诉，2016 年 9 月，苏州市中级人民法院驳回了圣莱科特的上诉请求，维持原判。

公司（下文合称 ResMed）。1989 年 ResMed 创立于澳大利亚，1990 年首个财政年度收入不足 100 万美元，当时仅有 9 名员工。2001 年，瑞思迈公司了兼并德国呼吸机专业制造公司 MAP，2002 年兼并美国压缩机专业公司 SMI，2005 年兼并法国呼吸机专业制造公司 Saime。目前公司总部位于美国加利福尼亚州圣地亚哥，在美专利申请量已超过 1800 项，是世界著名的睡眠呼吸设备设计、制造和销售公司。瑞思迈公司的产品包括用于持续正压送气的呼吸面罩、管道、加湿装置和气体发生器，全球员工人数超过 4000 人，业务遍及 100 个国家，在纽约证交所的市值接近 75 亿美元，在业界极具影响力。图 2-2 为每年 6 月发布的年净利润值。

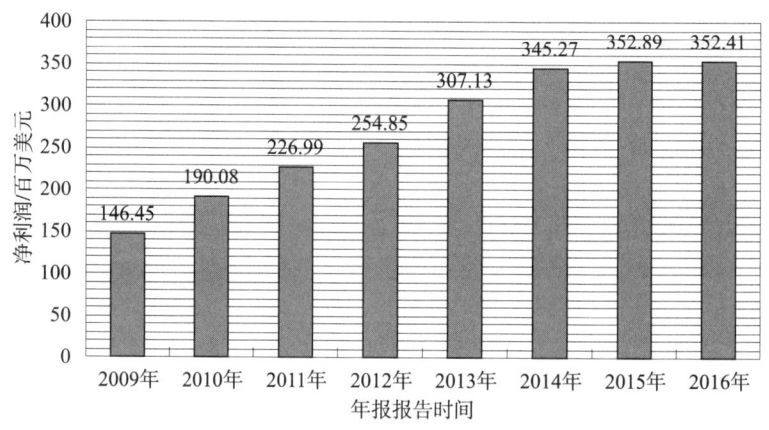

图 2-2　ResMed 2009 至 2016 财年净利润水平

瑞思迈公司不仅满足于巩固其固有市场，还积极拓展包括中国在内的新兴医疗器械市场。2007 年 4 月，瑞思迈公司在中国设立了瑞思迈（北京）医疗器械有限公司，在华专利申请量超过 200 项（授权 150 项）。2015 年，瑞思迈宣布收购苏州凯迪泰医学科技有限公司（Curative Medical），旨在大幅提高其在中国呼吸医疗器械市场的整体占有率。

2. 被申请人

北京怡和嘉业医疗科技有限公司成立于 2001 年，在 2006 年通过了国家创新技术企业和重点软件企业认定，2008 年加入了中关村高新技术企业协会和中关村医疗器械产业技术创新联盟，2012 年获得了国家高新技术企业认定。自 1996 年在国内最早开发出多导睡眠监测产品，于 2007 年推出了拥有自主知识产权的全新智能无创呼吸机系列。目前，北京怡和嘉业医疗科技有限公司和北京怡和嘉业技术研究中心已向国家知识产权局提交了 137 项申请，包括 58 项发明专利申请（9 项授权）和 79 项实用新型专利申请，其申请量在 2014—2015 年呈井喷式增长。目前，北京怡和嘉业医疗科技有限公司已经取得了包括中国 CFDA、欧盟 CE 和美国 FDA 认证在内的多个国家的市场准入，即使在 ResMed 利用专利武器全力阻击的 2013 年和 2014 年，公司仍然取得每年超过 50% 以上的增长率。

3. 行业背景

21 世纪以来，中国医疗器械产业的发展进入高速增长阶段，其增速令世界瞩目。据海关数据，2012 年我国医疗器械贸易总额达 300.62 亿美元，出口额为 175.9 亿美元；而在 2013 年，我国医疗器械全年进出口总额达到 343.1 亿美元，同比增长 14.13%，其中进口额 149.75 亿美元，同比增长 20.07%，出口额 193.35 亿美元，同比增长 9.92%，贸易顺差 43.6 亿美元，同比下降 14.8%。美国、日本和德国仍占据我国医疗器械出口市场的前三位。美国是全球最大的医疗器械市场，但近几年来，美国企业承受着出口大幅下滑以及国内外同行激烈竞争的巨大压力。即便如此，医疗器械行业在推动美国经济中仍起着至关重要的作用，其年均增长率远高于美国经济的增长水平。

在现代临床医学中，呼吸机作为一项能人工替代自主通气功能的有效手段，已普遍用于各种原因所致的呼吸衰竭、大手术期间的麻醉呼吸管理、呼吸支持治疗和急救复苏中，能够起到预防和治疗呼吸衰竭，减少并发症，挽救及延长病人生命的重要作用，在现代医学领域内占有十分重要的位置。本调查涉案产品包括用于治疗呼吸障碍例如睡眠呼吸暂停的持续正压送气（CPAP）的呼吸面罩和加湿装置。该 CPAP 治疗系统通常包括三个基本组件：产生气流的送风器、将气体送向患者的通道（如软管）和将气体送至患者口部或鼻部的用户界面。加湿装置通常连接在送风器和用户界面之间，以产生润湿的空气。用户界面可采用多种形式，例如鼻式面罩、鼻口式面罩、全脸式面罩、鼻式衬垫、鼻式插件或鼻枕。这些呼吸面罩通常由刚性或部分刚性的外壳、柔性的脸部接触衬垫、前额支撑部、头部遮盖物和用于将所述装置固定于患者头部的固定带。

2.14.2 337 调查历史

1. 立案

2013 年 7 月 19 日，ResMed 向美国国际贸易委员会（ITC）提出申请，主张对美出口、在美进口和在美销售的部分睡眠障碍呼吸治疗系统及其同类组件（certain sleep disordered breathing systems and components thereof）侵犯了其专利权，申请启动 337 调查。在立案申请书中，申请人建议 ITC 将北京怡和嘉业医疗科技有限公司（下文简称"BMC"）及其在美国市场的独家代理商 3B Medical, Inc. 公司和 3B Products, L. L. C. 公司作为本案的强制应诉方，指控其进口并在美销售的部分睡眠障碍呼吸系统及其组件侵犯了申请人拥有的 8 项美国专利：US7997267 号专利之权利要求 32—37、53、79、80 和 88，US7614398 号专利之权利要求 1—7，US7938116 号专利之权利要求 1，US7341060 号专利之权利要求 30、37 和 38，US8312883 号专利之权利要求 1、3、5、11、28、30、31 和 56，US7178527 号专利之权利要求 1、3、6、7、9、29、32、35、40、42、45、50、51、56、59、89、92、94 和 96，US7950392 号专利之权利要求 19—24、26、29—36 和 39—41，以及 US7926487 号专利之权利要求 13、15、16、26—28、51、52 和 55。

2013 年 8 月 19 日，ITC 确定立案并启动调查程序（《联邦公告》78 *Fed. Reg.* 52564），案卷号为 337 - TA - 890。彼时，怡和嘉业呼吸机产品进入美国市场仅一年时间，而瑞思迈公司是全球家用睡眠呼吸障碍诊疗领域的龙头企业，占有 60% ~70% 的市场份额，但 2012 年，瑞思迈公司看到怡和嘉业在美销售额成倍的增长，仍迫不及待地希望通过发起 337 调查这一手段，对刚刚进入美国市场的怡和嘉业进行封杀和打压。

2. 应诉

（1）马克曼听证

2013 年 12 月 11—12 日行政法官安排了相关权利要求的简要辅导和马克曼听证，于 2014 年 1 月 16 日发布了审前权利要求阐释命令（即马克曼命令）。在马克曼命令中，行政法官明确了涉案领域本领域技术人员的能力水平，判定本案本领域技术人员应具有机械工程、生物医学工程或类似技术领域的学位，并具有至少 5 年相关产品设计经验，或接受了等同程度的高等教育；对涉案专利中的 13 项技术术语的审前权利要求阐释命令（见下文 2.2 节对相关专利的介绍）。

在马克曼听证后，瑞思迈主动撤销了部分涉案专利，包括：行政法官于 2014 年 1 月 9 日发布的第 7 号命令中批准了 ResMed 提出的要求变更涉案专利的动议，准许其用 USRE44453 号专利替换 US7614398 号专利；行政法官于 2014 年 2 月 24 日发布的第 11 号命令中批准了 ResMed 提出的撤回涉及 US7938116 号专利的所有主张的动议；行政法官于 2014 年 4 月 14 日发布的第 20 号命令中批准了 ResMed 提出的撤回涉及 US7926487 号专利权利要求 26－28 的所有主张的动议。

（2）抗辩

2014 年 4 月，ITC 开始对本案的庭审，4 月 10—11 日、14—17 日进行了证据听证。申请人提供的证人包括事实证人（ResMed 雇员、涉案专利发明人）、专家证人（包括技术专家和经济专家）。被申请人就其提出的专利无效抗辩也提供了事实证人和专家证人（包括技术专家和经济专家）。

① 本领域技术人员

被申请人在听证程序及听证后的简短书面陈述中提出，申请人提供的技术专家 Mr. NeilSheehan 在 CPAP 器械领域的经验有限，无法满足其作为本领域技术人员在产品设计领域的经验要求，因此在侵权和无效抗辩阶段不应考虑其证言。对此，ResMed 认为被申请人未在动议初期或听证前的简短书面陈述中提出上述反对意见，且本案中本领域技术人员只需具有产品设计的通常经验即可，不应局限于特定 CPAP 领域的设计经验；ResMed 还提出，其技术专家已满足"至少 5 年相关产品设计经验"的要求，其中还包括与涉案专利相关的某些经验；被申请人提供的技术专家证言中存在若干错误和不足，因此 ResMed 提供的专家证言更为可信。调查律师支持被申请人的观点，认为尽管 Mr. Sheehan 具备了必需的教育水平，但其缺乏在相关产品设计领域足够的经验或同等程度的高等教育，因此不符合本案中本领域技术人员的标准。

综合各方意见，行政法官同意被申请人和调查律师的以下观点，即相比被申请人提供的技术专家 Mr. Steven Bordewick，Mr. Sheehan 对 CPAP 器件的从业经历很少；但由于被申请人未能在调查初期提出动议，也未能在听证前的简短书面陈述中提出该议题，因此视为被申请人放弃了其质证 Mr. Sheehan 作为本领域技术专家的权利。但由于本案中发明本申请并不复杂，且涉案组件在其他医疗器械中较为常见，因此行政法官认为 Mr. Sheehan 具备本案中本领域技术人员所需的教育和经验水平，其能力处于本领域技术人员水平的边缘，因此在专利无效抗辩阶段并未过多地考虑该专家的意见，但在涉及 US7997267 号专利的一项现有技术中关于硬质塑料时参考了该专家在医疗器械领域的通常经验。

② 专利权抗辩

基于其技术专家的证言，申请人主张被申请人的如下产品侵犯了其相关专利权利要求的专利权（见表 2 - 5）。

表 2 - 5　申请人主张的侵权产品型号

被申请人产品型号	涉案专利	对应权利要求
Original Willow（CPX - 65）	US7341060	30，37 - 38
	US8312883	1，3，5，11，28，30，31，56
	US7926487	13，51，52，55
	US7997267	32 - 34
New Willow（CPX - 66）	US7997267	32 - 34
Originali Volve Nasal（CPX - 67）	US7178527	1，9，32，89，92
	US7950392	19，21，29，32，36
	US7926487	13，51，52
	US7997267	32 - 34，53
Newi Volve Nasal（CPX - 68）	US7178527	1，9，32，89，92
	US7950392	19，21，29，32，36
	US7926487	13，51，52
	US7997267	32 - 34，53
Originali Volve N2（CPX - 69）	US7926487	13，51，52
	US7997267	32 - 34，53

续表

被申请人产品型号	涉案专利	对应权利要求
Newi Volve N2 – PlanA（CPX – 70）	US7926487	13, 51, 52
	US7997267	32 – 34, 53
Newi Volve N2 – Plan B（CPX – 71）	US7997267	32 – 34, 53
iVolve Full Face（CPX – 72）	US7178527	1
	US7950392	19, 21, 32, 36
	US7926487	13, 51, 52
	US7997267	32 – 34, 53
InH2（CPX – 61）	USRE44453	2, 4, 7

被申请人提交的无效抗辩理由包括现有专利技术以及现有上市产品：

- 涉案专利 US7178527

US7178527 涉及 CPAP 治疗时用于实现鼻式呼吸面罩与患者脸部密封的衬垫，所述衬垫有利于减少面罩对脸部的压迫并形成有效的密封，从而为患者带来更高的舒适度并减少面部过敏的可能性。涉案权利要求载明了带有支架和膜构件的面罩组件，并限定了面罩整体形状、材料的柔性和膜构件与支架间留有间隔。

当事各方对权利要求 1 和 9 记载的技术特征"切口"和权利要求 9 记载"从第一面延伸至第二面的孔道"的技术特征的释义存在争议。在马克曼命令中，行政法官判定"切口"具有本领域通常的含义，即"缺口、下陷、凹陷或切除的区域"；"从第一面延伸至第二面的孔道"意为"从第一面延伸至第二面的开口"。

被申请人并未否认涉案产品采用了该专利的相关技术，也未对该专利是否满足国内产业需求提出质疑，但对 US7178527 专利的有效性提出了无效抗辩，主张基于在该专利的申请日前已为公众所知并可购买的 Respironics Contour Mask ＋ Comfort Flap（图 2 – 3 左图），或 Respironics Small Child Nasal Mask ＋ Comfort Flap（图 2 – 3 右图）的产品组合，涉案专利是可预期的或显而易见的，并提供了技术专家的证言。

对于 Respironics Contour Mask ＋ Comfort Flap 的产品组合，ResMed 的反驳理由包括：a. 被申请人的专家报告中测试的产品是小号的 Comfort Flap 和

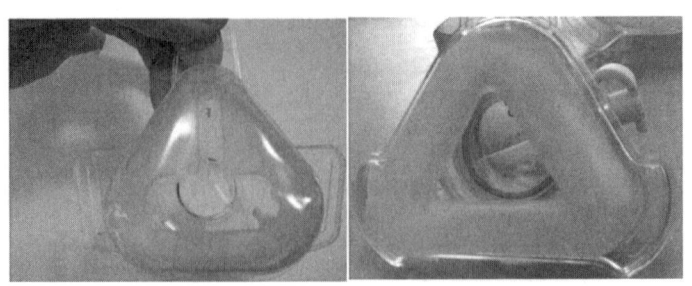

图 2-3　针对涉案专利 US7178527 提出的现有技术（产品）证据

中号、细小号的 Contour Mask，二者型号并不匹配，该测试并非在权利要求限定的"使用时"的条件下进行；b. 由于测试品的型号不匹配，无法确定ComfortFlap 的边缘与支架的边缘留有间隔，ResMed 技术专家的证言提出，在患者使用 Comfort Flap 时，其膜构件贴合于支架上，二者之间没有空隙；c. Comfort Flap未公开权利要求 89 和 92 中关于第二层膜与第一层膜弯曲的边缘间留有足够间距的技术特征，也未公开权利要求 32 中关于最大变形位置的限定；d. 该产品组合未公开权利要求 1 和 9 限定的支架的孔道尺寸大于膜构件孔道尺寸的技术特征；e. 该产品组合未公开膜构件由可回弹材质制备的技术特征。对此被申请人认为，选取不同型号的 Comfort Flap 和 Contour Mask 正是为了满足对患者脸部形成密封的需求；该产品组合已经隐含公开了 b 至 d 的特征，因其是该产品组合为达到使用需求所必须满足的；"可回弹"并不意味着该构件必须回弹至原有形状，只要该构件能回弹至原有位置即满足了"可回弹"的限定，Comfort Flap 的材质为聚氨基甲酸乙酯，已公开了上述特征。行政法官裁定，Respironics Contour Mask ＋ Comfort Flap 的组合属于现有技术，但专家报告中测试的产品组合型号不匹配，其分析结果不具有说服力，因此支持了申请人关于该产品组合未满足涉案权利要求限定的"使用中"和"正常的密封条件"的限定，也未公开涉案权利要求中膜边缘存在间隔或最大变形位置的技术特征，但支持了被申请人上文 d 至 e 的主张。

对于 Respironics Small Child Nasal Mask ＋ Comfort Flap 的产品组合，被申请人提供了相互匹配的 Respironics Small Child Nasal Mask ＋ Comfort Flap 的产品组合，但被申请人的技术专家承认在其准备专家证言时并未测试该产品组合或见到该组合的实物。申请人提交的照片显示，Respironics Small Child Nasal Mask 支架中并未设置切口，未公开权利要求 1 和 9 中限定的容纳患者鼻梁的切口的技术特征。此外，Respironics Small Child Nasal Mask 同样未公开涉案权利要求中膜边缘存在间隔、最大变形位置、支架的孔道尺寸大于膜构件孔道尺寸、膜构件由可回弹材质制备的技术特征。被申请人认为，在使用该产品组合时，受压的气体灌入后在 Comfort Flap 与 Respironics Small Child Nasal Mask 衬垫的边缘形成了空腔，形成至少可容纳患者鼻梁的区域；Comfort Flap 的材质为聚氨基甲酸乙酯，公开了膜构件由可回弹材质制备的技术特征，其余特征则被该产品组合隐含公开。行政法官的裁定支持了申请人关于该产品组合未公开涉案权利要求 1 和 9 限定的"切口"和"与边缘存在间隔"、权利要求 32 限定的"最大变形位置"以及权利要求 89 和 92 限定的"第二层膜与第一层膜弯曲的边缘间留有足够的间距"的技术特征，但支持了被申请人提出的该产品组合已公开了支架的孔道尺寸大于膜构件孔道尺寸、膜构件由可回弹材质制备的技术特征的主张。

被申请人还提出未被现有技术的产品组合公开的技术特征对于本领域技术人员是显而易见的，根据其专家证言，技术专家认为本领域技术人员出于改善面罩舒适度的需要容易想到尝试有限的已知手段进行改进。申请人认为被申请人并未意识到所述技术问题，即改进患者舒适度的教导，并未提供证据表明涉案专利提出的在膜构件与支架边缘之间设置间隔是显而易见的。申请人还引用了涉案专利产品取得的商业成功佐证该技术方案的非显而易见。被申请人对此表示了质疑，提出该商业成功并非由涉案专利记载的技术特征带来。行政法官裁定，尽管在儿童鼻式面罩中设计可容纳鼻梁的切口是容易的，但被申请人提供的证据仍不足以证明"间隔"和"变形性"的设计是容易想到的，因此涉案专利的技术方案是非显而易见的；此外 ResMed 未能证明其产品的商业成功与涉案权利要求之间的相关性。

- 涉案专利 US7950392

US7950392 的技术方案与 US7178527 相似，都载明了用于治疗睡眠呼吸障碍的更舒适的鼻式面罩的技术特征。当事各方对权利要求 20 和 21 记载的技术特征"切口"的释义存在争议。在马克曼命令中，行政法官判定"切口"具有本领域通常的含义，即"缺口、下陷、凹陷或切除的区域"。

被申请人并未否认涉案产品采用了该专利的相关技术，也未对该专利是否满足国内产业需求提出质疑，但对 US7950392 专利的有效性提出了无效抗辩，主张基于在该专利的申请日前已为公众所知并可购买的 Respironics Contour Mask + Comfort Flap，或 Respironics Small Child Nasal；Mask + Comfort Flap 的产品组合，涉案专利是可预期的或显而易见的，并提供了技术专家的证言。

被申请人与申请人的陈述与 US7178527 案基本相同。此外，申请人的补充陈述还包括：在与 Contour Mask 或 Small Child Mask 配套使用时，Comfort Flap 的膜构件被平展放置，并未公开权利要求 32 限定的膜构件"即使在未使用面罩时也通过折叠以基本上适应患者的面部轮廓"的技术特征，未公开涉案权利要求限定的"从横截面上看，膜构件的长度应超过边缘，和/或完全遮盖或包覆其边缘"的技术特征，未公开涉案权利要求限定的"形成密封的部件仅为所述膜构件"的技术特征。对于上述补充陈述，行政法官裁定，由于被申请人并未采用尺寸匹配的 Respironics Contour Mask + Comfort Flap，因此其被申请人并未提供足够的证据证实 Comfort Flap 已经公开了"膜构件的长度应超过边缘，和/或完全遮盖或包覆其边缘"，或"形成密封的部件仅为所述膜构件"的技术特征；尽管被申请人引用 Respironics 的使用手册说明 Comfort Flap 可通过折叠适应面部轮廓，但该表述描述的是使用状态下的膜构件形状，在未使用状态下，Comfort Flap 呈现为平展的三角形塑料，并未公开"即使在未使用面罩时也通过折叠以基本适应患者的面部轮廓"的技术特征。被申请人也未提供足够证据表明上述未被公开的技术特征是本领域技术人员基于现有技术显而易见的。

• 被申请人还以以下理由对涉诉专利的有效性提出异议。

表 2-6 被申请人提出的其他现有技术证据

涉诉专利	无效抗辩理由
US7997267	US6412488 之图 5B、7
US7926487	WO98/34665 之权利要求 7、15、图 3、图 12
US RE44453	DE19936499A1 之图 1-2，现有商品 REMstar
US7341060、US8312883	无

③ 国内产业

申请人提供如下 ResMed 产品实施了涉案专利的某些权利要求的技术方

案（见表 2 - 7）。

表 2 - 7　申请人提交的国内产业证据

申请人产品型号	涉案专利	对应权利要求
Mirage Activa （CPX - 3）	US7950392	19 - 26，30 - 35，39，41 - 43，45
	US7178527	1 - 2，40 - 42，44 - 45，50 - 51，55 - 56，59，89 - 92，94 - 96
Mirage Activa LT （CPX - 2）	US7997267	21 - 22，29，79，80
	US7178527	1 - 2，40 - 42，44 - 45，50 - 51，55 - 56，59，89 - 92，94 - 96
	US7950392	19 - 26，30 - 35，39，41 - 43，45
Mirage Liberty （CPX - 5）	US7997267	21 - 25，29 - 31
Mirage Vista （CPX - 8）	US7997267	21 - 25，29 - 31
	US7950392	19 - 26，30 - 35，39，41 - 43，45
	US7178527	29 - 33，35，51，55 - 56，59，89 - 92，94 - 96
	US7341060	15 - 19，25 - 28，30 - 37
Mirage Micro （CPX - 6）	US7997267	21 - 22，29，79，80
	US7178527	1 - 10，29 - 33，35，40 - 42，44 - 45，50 - 51，55 - 56，59，89 - 92，94 - 96
	US7950392	19 - 26，30 - 35，39，41 - 43，45
Mirage Quattro （CPX - 7）	US7997267	21 - 22，29，79，80
	US7926487	13，15，26 - 28，51 - 52
	US7178527	29 - 33，35，51，55 - 56，59
	US7950392	19 - 22，25 - 26，30 - 35，39，41 - 43，45
Quattro FX （CPX - 9）	US7997267	21 - 22，29，79，80
	US7926487	13，15，26 - 28，51 - 52
Mirage Swift II （CPX - 14）	US7341060	15 - 19，25 - 28
	US7926487	13，15，26，51 - 52
	US8312883	1 - 5，7 - 8，10，16 - 17，20 - 22，25，28，31 - 35，37，40 - 41，44 - 46，49，56，59，63
Swift LT （CPX - 15）	US7341060	15 - 19，25 - 28
	US8312883	1 - 5，7 - 8，10，16 - 17，20 - 22，25，28，31 - 35，37，40 - 41，44 - 46，49，56，59，63
	US7926487	13，16，26 - 29，51 - 52，55
Swift FX （CPX - 11）	US7926487	13，16，26 - 29，51 - 52
H5i（CPX - 1）	USRE44453	1 - 2，4 - 7
S9（CPX - 1）	USRE44453	7

但被申请人认为，例如气体发生器、加湿器等组件应视为与呼吸面罩不同的产品，因此申请人并未满足国内产业的相关要求。

3. 初裁

2014 年 8 月 21 日，行政法官发布了"337 调查"案的初裁公告，裁定：被申请人未能提供清晰和有说服力的证据表明 US7950392、US7997267、US7341060、US8312883、US7178527 中主张的权利要求和 USRE44453 的权利要求 2 相对于现有技术是无效的；US7926487 之权利要求 13、51—52、55 以及 US RE44453 之权利要求 1、4、7 无效；被诉产品侵犯了申请人主张如下 US7178527 之权利要求 1、9、32、89 和 92，US7950392 之权利要求 19、21、29、32 和 36，US7997267 之权利要求 32—34、53，US7341060 之权利要求 30、37 和 38，US8312883 之权利要求 1、3、5、11、28、30、31 和 56，USRE44453 号专利之权利要求 2 的专利权；ResMed 公司满足行使涉案专利权的国内产业的要求。

4. 复审

2014 年 9 月 3 日，应诉方和委员会调查律师请求发起对初裁结果的复审。同日，ResMed 也附带请求发起对初裁结果的复审。2014 年 9 月 11 日，当事人对重新审查请求和附带请求作出回应。

2014 年 10 月 16 日，ITC 发布通告，将对"337 调查"案中的两件关键性专利的初裁结果进行复审。尤其是对于涉案 US7926487 号专利，ITC 决定重新审查行政法官对于权利要求中术语"气体冲洗出口"的解释，并将该限定解释为"一种具有薄气体渗透膜的出口，该薄膜延伸至将尾气排出至大气的出口上"。基于新作出的权利要求的解释，ITC 决定重新审查行政法官关于侵权、无效和是否满足国内产业技术分支要求的裁定。对于涉案 USRE44453 号专利，ITC 决定对如下内容进行复审：（1）行政法官对于权利要求中"用于保持结构安全连接至 CPAP 装置上的锁紧部件"的含义进行了解释，并确定为满足初裁中关于所述锁紧部件的要求，这些锁紧部件应该包括移动部件的重新组合；（2）行政法官认定基于现有技术 REMstar 装置无法预见到 USRE44453 号专利中申述方所主张的权利要求的技术方案；（3）行政法官关于侵权和是否满足国内产业技术分支要求裁定。ITC 同样决定对初裁认定的内容和关于国内产业经济分析的结论进行重新审查。

2014 年 10 月 31 日，当事方针对重新审查、救济、公众利益和产业联盟方面提交了书面意见。2014 年 11 月 7 日，当事方提交了答复意见。

5. 终裁

2014 年 12 月 23 日，ITC 发布了终裁公告和救济措施。

（1）终裁结果

通过涉及 US7926487 号专利的调查记录，包括行政法官作出的终裁，ITC 对在所述结构下术语"气体冲洗出口"的含义进行了解释，该术语的含义为"一种具有薄气体渗透膜的出口，该薄膜延伸至将尾气排出至大气的出口上"。正如当事人一致同意的，ResMed 未能证明其国内产业涉及的产品采用了 US7926487 号专利的设计，因此被申请人并未违背 337 条款。为保存资源，ITC 决定对涉及 US7926487 号专利的侵权和附带有效性审查不作出裁定。对于涉案专利 USRE44453，ITC 针对主张的 USRE44453 号的权利要求中术语"用于保持结构安全连接至 CPAP 装置上的锁紧部件"给出的解释为"一个或多个安置 CPAP 装置的部件，被设置为可保证连接键连接至 CPAP 装置上"，因此 ITC 裁定基于现有技术 REMstar 装置可以预见到 USRE44453 号专利所主张的权利要求的技术方案。考虑到 ITC 给出的定义解释范围超过了行政法官给出的定义解释，ITC 裁定支持行政法官作出的关于侵权、国内产业、技术分支和发现的裁定。

（2）救济措施

基于本次调查给出的应诉方违反"337 条款"的终裁结果，ITC 决定颁布如下救济令：① 有限排除令，禁止由北京怡和嘉业医疗科技有限公司（BMC Medical Co. Ltd.，Beijing）、3B Medical, Inc. 公司和 3B Products, L. L. C. 公司或其附属公司、母公司、子公司、代理商或其他相关经济体，或其承继者、受托者生产、代理、进口侵犯未经授权的侵犯申述方 US7178527 号专利之权利要求 1、9、32、89 和 92，US7950392 号专利之权利要求 19、21、29、32 和 36，US7997267 号专利之权利要求 32—34、53，US7341060 号专利之权利要求 30、37 和 38，US8312883 号专利之权利要求 1、3、5、11、28、30、31 和 56 的专利权的睡眠障碍呼吸系统，但不包括消费者在排除令生效前购买的上述包装产品的服务和替换件；② 针对北京怡和嘉业医疗科技有限公司（BMC Medical Co. Ltd.，Beijing）、3B Medical，Inc. 公司和 3B Products，L. L. C. 公司颁布如下制止令，禁止其在美国境内从事任意如下行为：进口、销售、推销、广告、分销、运送（基于出口目的除外）US7178527 号专利之权利要求 1、9、32、89 和 92，US7950392 号专利之权利要求 19、21、29、32 和 36，US7997267 号专利之权利要求 32—34、53，US7341060 号专利之权利要求 30、37 和 38，US8312883 号专利之权利要求 1、3、5、11、28、30、31 和 56 所涵盖的睡眠障碍呼吸系统产品，或诱导美国代理商或经销商从事上述行为。该制止令享受如下豁免：① 专利权人以书面形式授权、许可或以类似的渠道相关产品或相同涵盖产品进口至美国；② 仅限于为在排除令生效前购买上述包装产品的消费者提供服务和替换件。ITC 还裁定该有限排除令的救济措施并不影响"337 条款"（d）和（f）所列举的公众利益问题。因此 ITC 裁定以进口值的 65% 作为在总统审查期内临时进口涉案呼吸睡眠障碍呼吸系统及其组件的保证金。

6. 上诉

目前，美国联邦巡回上诉法院正在审理美国国际贸易委员会（ITC）基于瑞思迈起诉做出的裁定，涉诉美国发明专利 RE 44，453 涉及一种用于连接正压通气治疗机的加湿装置。2014 年 12 月 ITC 经 337 调查程序审理后，认定该专利涉诉的权利要求全部无效。瑞思迈向联邦巡回庭提起上诉。2016 年 3 月 16 日，当事人共同请求自愿撤回瑞思迈的上诉。联邦巡回法庭于 2016 年 3 月 29 日签发了有利于怡和嘉业的撤销令，终止了瑞思迈的上诉。怡和嘉业同时针对 ITC 就瑞思迈涉及正压通气治疗机用呼吸面罩的专利做出的裁定进行上诉。2016 年 3 月 17 日，ITC 作为上诉案件当事人之一，请求将案件发回，以重新审理瑞思迈在美国的活动和投资是否符合"国内产业"的要求。在其请求书中 ITC 认为近期联邦巡回法院的一个判决"很可能会阻碍瑞思迈证明存在与其面罩专利相关的国内产业"。此外 ITC 认为"考虑该情况，将暂停其针对面罩专利的救济令"。联邦巡回法庭尚未就美国国际贸易委员会的请求做出决定。

2.14.3　结论和启示

本案中，怡和嘉业原本是作为共同被告被列入瑞思迈于 2013 年 5 月针对台湾雅博公司（Apex）发起的 337 - TA - 879 调查案，台湾雅博公司于 2013 年 8 月 8 日即通过和解令结案，同意停止向美国市场出口被诉产品。瑞思迈随即撤销了将怡和嘉业及 3B Medical 列为共同被告的动议，并重新向美国 ITC 提交了一份诉状（即本案），指控怡和嘉业及 3B Medical 侵犯了其 8 项专利的专利权。本案给我们的启示如下：

1. 积极完整地参与 337 调查

可以看到，本案中怡和嘉业以积极的态度面对行业巨头的挑战。在初裁结果极度不利并已花费巨额诉讼费的情况下，怡和嘉业坚持下来，向 ITC 就数项关键专利提起了复审及上诉的请求。最终，使瑞思迈的部分诉讼请求落空，也使怡和嘉业能保留部分产品在美国的市场。而尽管 ITC 终裁虽然部分支持了瑞思迈的一些面罩专利的诉求，但怡和嘉业涉诉面罩产品的销售量远不足公司美国市场整体销售额的 10%。

2. 积极进行规避设计

在得知进行 337 调查后，怡和嘉业在 2014 年早些时候已经停止了涉案产品的销售，并积极进行了规避设计，并将新设计的面罩产品全面投放美国市场。这种方式可以有效避免 337 调查败诉所带来的风险。

3. 主动出击，完成清障工作

在应对在美调查的同时，怡和嘉业还在中国主动展开攻势，针对瑞思迈在中国的专利向专利复审委员会提起无效宣告请求，并已成功无效了部分专利权。通过在本土的知识产权诉讼，能够给对手以压力，使其不得不付出较大的精力对付海外诉讼。

2016 年 4 月 14 日，瑞思迈再次将北京怡和嘉业医疗科技有限公司及 3B Medical, Inc. 公司和 3B Products, L. L. C. 公司列为应诉方，以侵犯瑞思迈 US8006691、US8020551、US9072860 和 USRE44453 号专利的专利权向 ITC 提起了新的调查请求，并于 2016 年 5 月 18 日立案，案卷号为 337 - TA - 997。

（撰稿人：吴　燕）

案例评析

针对337调查，被申请人可以从多个方面提出抗辩。本案是一个比较典型的全面对抗的337调查案例。其中国内产业要求是一个值得注意的抗辩点。为了鼓励337调查，打击专利侵权行为，ITC一直对国内产业要求持宽松态度。这使得申请人提起337调查的申请比较容易。但近年来，不断出现外国申请人利用337调查打击竞争对手的案例，甚至是针对美国本土企业的337调查申请。例如2011年至2013年，超过1/3的新的调查申请是由总部设在美国境外的申请人发起的。这让ITC感觉到有必要做出一些改变。三星诉苹果案的裁决让美国贸易代表非常不满，促使总统行使否决权否决了ITC的裁决。所谓国内产业要求，有点类似于反倾销的做法。337调查·的国内产业要求，原本十分宽松，只要申请人获得了美国专利许可与授权，基本就可以满足。近年来情况发生了一些变化。仅仅获得专利授权与许可，而不实际实施和生产，则不能满足这一要求了。

怡和嘉业案中，申请人ResMed提出被申请人侵犯了其八项专利，对于其中某些产品，例如气体发生器、加湿器等组件，怡和嘉业提出了国内产业要求的抗辩，认为申请人并未满足这一要求。虽然ITC没有采纳这一抗辩，但在被申请人向联邦法院上诉后，ITC请求案件发回，以便重新审查国内产业要求这一争议点。这说明，被申请人的这一抗辩还是引起了ITC的重视。国内产业要求的抗辩如果成功，会直接导致被申请人的胜诉，至少是部分胜诉。不符合国内产业标准这一要求，则意味着申请人连申请337调查的资格都不具备，类似民事诉讼程序中的主体不适格而被驳回起诉。

本案被申请人还提出了其他抗辩，例如专利无效抗辩及不侵权抗辩，可以说是步步防守。另外被申请人还主动出击，在中国国内向专利复审委员会提出ResMed专利无效的申请，并部分获得了成功。

就目前的裁决结果看，虽然ITC裁决支持了ResMed的部分请求，确认被申请人构成侵权，但涉案产品总价值不大，对被申请人的市场影响有限。可以说，裁决的结果还不坏。这得益于被申请人积极应诉的得当策略。这一案例值得其他被申请人借鉴。

（点评专家：薄守省）

2.15 337 - TA - 901 北京奥美达科技有限公司手持式电子助视器 337 调查案

2.15.1 当事双方及行业背景

1. 申请人

本案申请人为 Freedom Scientific，Inc. ，其产品包括为弱视人群和盲障人士提供的放大器软件和硬件产品。2015 年，Vector 同时购入 Freedom Scientific 和 Optelec，成立了 VFO。VFO 现已成为全球领先的视障碍辅助技术提供商，总部位于荷兰，其产品包括屏幕阅读器、放大软件、电子视频放大器、盲字键盘及其周边咨询和训练服务，旗下有 Ai Squared（2016 年并入）、Freedom Scientific 和 Optelec 三大品牌，产品行销 70 个国家，提供 24 种语言的服务。

2. 被申请人

北京奥美达科技有限公司（Aumed Group Corp.）是一家集科研、开发、生产、销售为一体的高新技术企业，主要立足于研发高科技眼科医疗器械、视光学及低视力康复产品，主要产品为奥美达（Aumed）系列电子助视器（Electronic Video Magnifier），包括便携式电子助视器"奥科"（Eye - Q，2008 年面市）、"奥视"（Eye - C）、"好视来"（Aukey，2010 年面市）、便携式多功能台式机"奥美佳/奥美华"（Aumax - LCD/VGA，2010 年面市）、电子放大镜、光学放大镜等。2009 年，奥美达公司获得中关村高新技术企业证书及海淀区创新企业证书，并成为北京中关村企业信用促进会会员。2012 年，奥美达销售额占全国低视力产品销售总额的 60% 以上。目前，奥美达已成为中国电子助视器第一品牌以及国际电子助视器最大制造商，通过了德国莱茵 ISO 9001/13485 质量管理体系，产品通过欧盟 CE、美国 FCC/FDA、中国 SFDA 认证，电子助视器已遍及全世界 60 多个国家和地区。2011 年 11 月 7 日，奥美达美国全资子公司 Aumed Inc. 正式宣告成立。

3. 行业背景及涉诉技术

电子助视器是指利用摄像获得影像并经数码处理给予放大，以帮助低视力人群清晰阅读的一种辅助医疗器械。电子助视器相对于其他低视力辅助医疗器械而言，具有可调节到较大倍率、可调对比度、阅读距离舒适的优点。世界上第一台电子助视器在 1960 年面世，经历 50 多年的发展，现有电子助视器已经可以与个人计算机、彩色显示器等连接，成为可携式设备。我国电子助视器产业起步较晚，2000 年后才逐步开始自主研发、生产电子助视器，在政府政策的支持下一批规模较大的助视器企业得以发展，并开始进军海外市场。目前我国医疗器械市场增长迅速，已成为继美国和日本后世界第三大医疗器械市场。

涉诉专利 US D624，107 于 2010 年 9 月 21 日获得授权，其主题为"手持式多位点放大相机"（见图 2 - 4 左图）；涉诉专利 US 8，264，598（见图 2 - 4 右图）的申请日为 2009 年 6 月 5 日，于 2012 年 9 月 11 日获得授权，其主题为"多位点手持式电子放大器"。

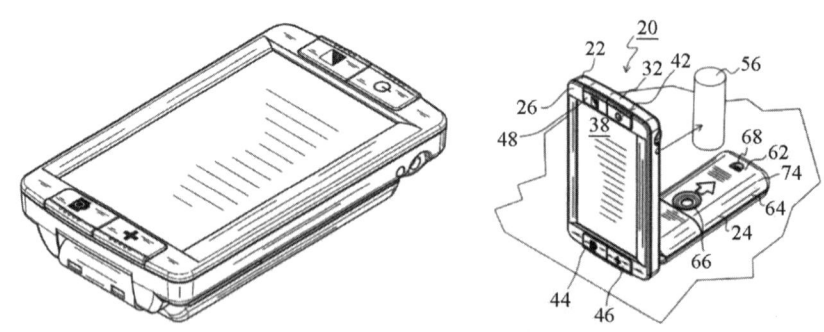

图 2 - 4 涉诉专利说明书附图

申请人认为，在先公开的手持式放大器体积大，较为笨重，且仅能采用一种操作模式，使用时需与视物保持固定的距离；而涉诉专利提供的放大器具有可移动的特点，并具有多种模式。

2.15.2　337 调查历史

1. 立案

2013 年 9 月 26 日，Freedom Scientific，Inc. 向美国国际贸易委员会（ITC）提出申请，将北京奥美达科技有限公司及其美国全资子公司 Aumed Inc（合称"Aumed"）列为被申请人，主张其对美出口、在美进口和在美销售的手持式电子助视器及含有同类组件的产品（Handheld Magnifiers and Products Containing Same）侵犯了 Freedom 持有美国设计专利 US D624，107 和发明专利 US 8，264，598 之权利要求 1 – 7 的专利权，申请启动 337 调查并发布有限排除令、同意令和制止令，并附上了其顾问关于启动调查符合公众利益的说明。

2013 年 11 月 8 日，ITC 确定立案并启动调查程序（《联邦公告》78 *Fed. Reg.* 68862）上，案卷号为 337 – TA – 901。

2. 裁决

申请人在立案申请书中指控 Aumed 的放大器产品"Image"为涉诉侵权产品，并提供了涉诉专利与该产品的特征对比表。2013 年 12 月 3 日，Aumed 就申请书提交了答辩意见，陈述 Aumed 未获得足够的信息以作出承认侵权或抗辩意见。

2013 年 12 月 18 日，Aumed 提议通过订立同意令结束 337 调查的动议，申请人对此动议未提出反对意见；2014 年 2 月 12 日，Aumed 提交了同意令协议修订本。2014 年 3 月 20 日，行政法官以初裁的形式批准该动议。ITC 发布了同意令终止该 337 调查。

基于该同意令，Aumed 承诺未经申请人许可，Aumed 不会直接或间接为进口而销售、进口或进口后销售任何侵犯涉诉专利的手持式放大器或含有同类组件的产品，不会辅助、支持、鼓励、参与或诱导从事上述行为。

2.15.3　结论和启示

在应对 337 调查时，双方可通过选择签订同意令的方式解决争议，尽早结束调查。

同意令与和解协议的作用类似，可以使针对被申请人的 337 调查尽早结束。尽管同意令中包含了某些特殊条款，但签署同意令并不代表被申请人承认其存在侵权行为。

相比国外电子助视器行业，我国电子助视器行业发展时间短，依赖政府财政支出的程度较大，知识产权积累薄弱。以本案为例，被申请人北京奥美达科技有限公司向中国国家知识产权局提交的关于助视设备的申请总数仅仅 37 项，其中仅 4 项发明专利（授权 2 项），在美申请专利数为 0；而申请人 Freedom Scientific，Inc. 在美提交了 59 项专利申请（授权 47 项），向中国国家知识产权局提交了 9 项专利申请（授权 1 项）。

可以预见的是，在走向海外市场的进程中，中国企业由于缺乏自主知识产权将面临较大的侵权风险。面对贸易摩擦，企业应审慎考虑缺席调查的不利影响，综合考虑诉讼成本、胜诉可能性、潜在市场前景后选择是否应诉，在胜诉前景不明朗的时候，争取以较小的代价从调查中脱身。

此外，加强新产品的研发、产品上市前的专利预警和布局、扩充自身的专利池也是企业亟待解决的问题，政府相关部门或行业协会对企业的引导和帮助也应进一步加强。

（撰稿人：杨　杰）

案例评析

本案涉案的产品是电子助视器。申请人是世界领先的技术提供商，被申请人则是中国最大的制造商。申请人于 2013 年 9 月 26 日提出 337 调查申请，2013 年 11 月 8 日，ITC 立案启动调查。2013 年 12 月 18 日，被申请人提出同意令的动议，2014 年 3 月 20 日，行政法官批准了同意令动议，该 337 调查终止。

这一案例的策略与前述北京怡和嘉业案是不同的思路。通过同意令来终止 337 调查，有时也是一种可行的选择。毕竟，对抗式策略需要花费更多的时间、金钱、人力成本，而结果不一定符合被申请人的预期。同意令方式则可以尽快结束调查，节约成本。当然，这需要综合考虑各方面因素，考虑诉讼风险，权衡利弊，才能作出选择。

所谓同意令，是根据规则 210.21 的规定，由当事人协商一致，由被申请人作出承诺，未经申请人许可，不会继续进口或销售涉诉产品，从而终止337 调查的一种程序。同意令实际上是一种诉讼和解。同意令虽然不以承认侵权为前提，但一般意味着承认了侵权。提出同意令的动议，不能撤销。同意令同时意味着当事人接受司法裁判，放弃寻求司法救济的权利，不得以其他理由主张同意令无效。

中国作为改革开放的后发国家，很多技术是站在巨人肩膀上发展起来的，模仿在一定程度上是不可避免的。加上知识产权意识不强，侵犯他人知识产权的事确实可能存在。因此，在遇到 337 调查时，客观评价对方的请求，适时提出和解，也是一种明智的选择。据统计，通过和解或同意令终止调查的案件，经常会占到 30% 以上，有时甚至接近 50%。

（点评专家：薄守省）

2.16　337 - TA - 914 北京颖泰嘉和甲磺草胺、甲磺草胺组合物以及甲磺草胺制作方法

2.16.1　当事双方及行业背景

1. 申请人

本案申请人为美国富美实公司（下称"FMC"）。FMC 于 1883 年创立于美国加州，目前约有 6000 名雇员，设有 FMC 农业解决方案部、FMC 健康与营养部以及 FMC 锂部门三大业务部门。FMC 农业部的主要业务在于为农作物增产、虫害和疾病防治、除草提供解决方案，提供除草剂、杀菌剂、杀虫剂三大类产品，其除草剂甲磺草胺的产品线包含了 Authority ©、Spartan ©、Zeus ©、BroadAxe ©、Blindside ©、Echelon ©、Dismiss © 和 Solitare © 品牌。

如图 2 - 5 所示，2013 年，FMC 公司的销售收入达到 39 亿美元，较 2012 年增长 14%；从 2013 年至 2015 年的 3 年内，FMC 农业解决方案部的研发费用逐年增加，其部门收入在公司总收入的占比逐年增加；2015 年，FMC 农业解决方案部的部门收入为 22.53 亿美元。

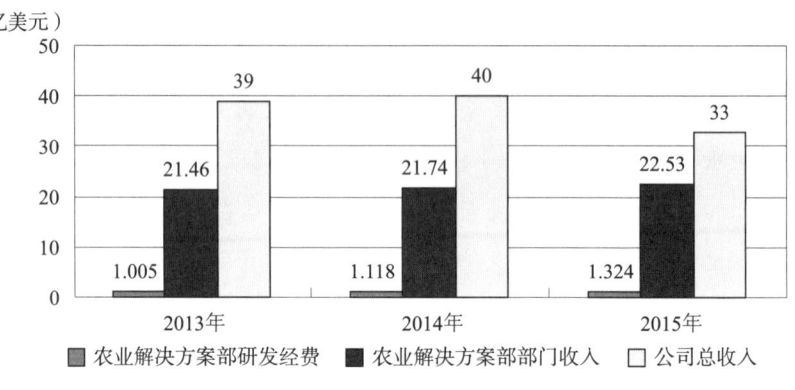

图 2 - 5　FMC 公司 2013 年至 2015 年的收入及研发投入

2015 年 4 月，FMC 购入了丹麦农作物保护公司 Cheminova，此举为公司带来了 60 个活性成分和 2300 个注册产品，以及数项研发中的技术，在未来的 7 年，FMC 可拥有 16 个新的合成或生物化合物面市。如图 2 - 6 所示，与2014 年相比，亚洲环太平洋地区、欧洲中东及非洲地区在 2015 年的收入占农业解决方案部部门收入的比重明显增加。2016 年第二季度，FMC 农业解决方案部报告的前两季度收入已达 10.98 亿美元。

图 2 - 6　2014 年至 2015 年各大区在 FMC 公司农业解决方案部部门收入的占比

2. 被申请人

北京颖泰嘉和生物科技有限公司（Nutrichem Co.，Ltd.）的前身是 2003

年在北京中关村生物医药园成立的颖新泰康，同年筹建生产基地上虞颖泰。
2004 年起投资建设 GLP 实验室，2006 年获得 OECD 认证，是中国大陆首家
通过该认证的实验室，其 GLP 研究报告得到美国 EPA 和主要的 OECD 成员国
认可；该实验室于 2012 年获得中国合格评定国家认可委员会（CNAS）下发
的实验室认可证书，也是中国农业部认定的农药原药登记全组分分析试验单
位之一。2008 年，公司引入重庆华邦制药的投资，并整合颖新泰康、颖泰国
际和上虞颖泰，改制为股份公司颖泰嘉和。2011 年，公司与华邦制药吸收合
并、重组上市，更名为华邦颖泰股份有限公司。2015 年 6 月，公司成功完成
股改，更名为北京颖泰嘉和生物科技股份有限公司，在新三板挂牌上市，控
股股东为华邦生命健康股份有限公司。2015 年，公司收购了陶氏益农旗下的
全球乙氧氟草醚业务。2016 年，公司以发行股份方式收购山东福尔生产基
地。公司现已拥有上虞颖泰精细化工有限公司、杭州颖泰生物科技有限公司
（杭州庆丰农化有限公司）、杭州颖泰作物保护有限公司、河北万全力华化工
有限责任公司、河北万全宏宇化工有限责任公司、盐城南方化工有限公司和
山东福尔有限公司等生产型子公司，还拥有服务型子公司北京颖泰嘉和分析
技术有限公司、贸易型子公司杭州庆丰进出口有限公司和海外子公司华邦香
港控股有限公司、NUTRICEM USA LLC（颖泰美国）、颖泰香港控股有限公司
和 Proventis Lifescience Limited（Pro，HK）及 Pro 巴西公司，参股子公司为江
西禾益化工股份有限公司（持股 20%，成立于 2005 年）、ALBAUGH，LLC 等。

Nutrichem 公司主要从事农药中间体、原药及制剂的研发、生产和销售，
提供除草剂、杀菌剂、杀虫剂三大类产品，并为进入国际市场的医药、兽药、
农药化学品以及其他精细化工原材料提供符合 GLP（良好试验室规范）国际
标准的分析检测服务和产品登记注册咨询服务。目前客户主要为国外农药企
业，例如陶氏化学、巴斯夫、ADAMA 等，连续多年位居同行业出口首位。
2014 年，公司营业收入为 3225900157.09 元人民币，毛利率 18.01%，资产
总计 6919165161.57 元人民币，资产负债率 76.24%；2015 年，公司营业收
入为 3333121675.28 元人民币，毛利率 19.49%，资产总计 8758899364.12 元
人民币，资产负债率 66.63%。

3. 行业背景

目前，世界农药市场渐趋成熟，除草剂居三大类农药之首，销售额约占

50%。农药行业呈现弱周期行业特性，总体呈稳定增长态势，垄断趋势明显，技术创新是农药企业发展壮大的主要动力。随着生态保护意识和食品安全意识的日益强化，国际社会对农药的使用提出越来越严格的要求，虽然高效、低毒、低残留的化学农药仍是农药市场的主体，但对于低毒高效的生物农药的需求呈现了快速增长的趋势。而跨国农药公司出于规避环保规定及降低生产成本的需要，逐步将农药的生产向发展中国家如中国和印度转移。近年来，我国农化行业发展迅速，已形成了包括原药生产、制剂加工、原料中间体、科技开发在内的完整工业体系，农药生产规模不断扩大，农药出口持续增长。

甲磺草胺（CAS 122836 – 35 – 5）是原卟啉原氧化酶抑制剂，作用机制为在叶绿素生化合成中抑制原卟啉原氧化酶，并随之产生破坏细胞膜的毒性物质原卟啉 IX，从而使敏感杂草组织坏死，叶片见光死亡。甲磺草胺是 FMC 开发的三唑啉酮类除草剂，通用名称为 sulfentrazone，商品名称有 Authority、Boral、Capaz，其他名称有 F6285、FMC97285、磺酰唑草酮。FMC 持有保护甲磺草胺化合物专利为甲磺草胺产品的化合物专利为 WO87/03782Al（优先权日 19851220），其同族专利申请共 37 件，美国同族已过了专利保护期。涉诉专利 US 7，169，952（优先权日 20031225）涉及制备甲磺草胺的方法，于 2007 年 1 月 30 日获得授权，发明人为 Leland A. Smeltz、Thomas C. Sedergran 和 Harold C. Jarrow。经转让，FMC 获得了涉诉专利的整体利益。涉诉专利之独立权利要求 18 保护通过苯胺与磺化剂在 DMF 存在下于约 120～160℃下反应约 3～7h 以制得涵盖甲磺草胺的通式化合物的制备方法，权利要求 19 – 33 为权利要求 18 的从属权利要求。FMC 陈述，该 DMF 和升高反应温度的组合使反应更快更有效地进行，相对于现有技术能获得更高收率的甲磺草胺和更少的副产物，具备新颖性和创造性，因此获得授权；其中文同族 CN1195742C 也已获得授权。

2.16.2 337 调查历史

1. 立案

2013 年 7 月，FMC 致信美国进口商 Summit，告知其已获悉 Summit 欲进口甲磺草胺产品，且 FMC 拥有涉诉专利 US 7，169，952。Summit 认为，其进口的甲磺草胺产品并非依据 US 7，169，952 的工艺制得，宣称该产品的制备工艺为 US5，990，315。协商未果，2014 年 3 月 5 日，FMC 向美国国际贸易委员会（ITC）提出申请，主张对美出口、在美进口和在美销售的部分甲磺草胺、甲磺草胺组合物以及甲磺草胺制作方法（Sulfentrazone，Sulfentrazone Compositions，and Processes for Making Sulfentrazone）侵犯了其美国专利 US 7，169，952 之权利要求 25 - 28 的专利权，申请启动 337 调查。在立案申请书中，申请人建议 ITC 将北京颖泰嘉和生物科技有限公司（"颖泰嘉和"）及其联营公司江西禾益化工股份有限公司（"江西禾益"）以及两家美国进口商 Summit Agro USA，LLC 和 Summit Agro North America Holding Corporation 列为强制应诉方。

FMC 主张：由于颖泰嘉和的甲磺草胺产品 Blanket 售价比其同类产品低 40% ～50%，削弱了其市场份额；Nutrichem 涉嫌指导美国农民将其他化学成分替代 FMC 的预混产品，与 FMC 生产的甲磺草胺除草剂混合，可能降低产品的功效，导致杂草抗性的产生，损害 FMC 的信誉；颖泰嘉和侵犯涉诉专利保护的甲磺草胺生产过程，从而减少了生产过程中的副产品及有害的化学催化剂，使得生产成本降低，产品价格大大低于 FMC 的产品价格。因此 FMC 申请发布临时救济程序（临时排除令和制止令），以及在调查结束后发布排除令和制止令。

2014 年 4 月 14 日，ITC 确定立案并启动调查程序（《联邦公告》79 *Fed. Reg.* 20907 - 08），案卷号为 337 - TA - 914。

2. 初裁

2014 年 7 月 1 日，行政法官举行了关于 FMC 主张临时救济令的听证前会议；被申请人提供了专家证言证明其未对申请人造成无法弥补的损害，并提出了不侵权抗辩及专利权无效抗辩。2014 年 8 月 12 日，行政法官发布初裁公告，指出 FMC 未能证明不发布临时救济程序其将受到无法弥补的损害，涉案专利未被侵权且可能是无效的，据此驳回了 FMC 关于发布临时救济措施的动议。2014 年 7 月 1—3 日，行政法官举行了听证。

在权利要求阐释阶段，颖泰嘉和就对技术特征的争议释义提供了专家证言：（1）将温度中"about"的范围理解为"＋／－2.5℃"、时间"about"的范围理解为"＋／－30min"且该时间从反应混合物达到指代温度时起算；（2）将"在DMF存在下"理解为具有本领域的通常含义，并未限定DMF必须作为催化剂或以催化量存在。Nutrichem还以现有技术对涉诉专利提出了专利权无效抗辩，指出现有技术US5，990，315（申请日19990430，公开日19991123）已经公开了以苯胺与MSC在包括DMF的季胺存在下制备甲磺草胺的技术方案。申请人则显著扩大了权利要求中对温度和时间定义中"a-bout"的涵盖范围，并提出如下争辩理由：（1）US5，990，315中仅公开了催化剂为DMF盐而非DMF；（2）US5，990，315公开的反应温度下限为80～140℃，不足以气化HCl，并未公开涉诉专利120～140℃的温度范围；（3）US5，990，315未公开足以实现发明目的的反应时间。

2015年4月10日，行政法官发布初裁公告，将本领域技术人员的水平确认为具有化学或化工领域的学士或硕士学位，并在有机化学合成、工艺开发或设计产业中有数年的工作经验，或取得了有机化学合成、工艺开发或设计专业的博士学位。在初裁中，行政法官支持了被申请人对争议特征的释义，裁定：FMC并未提供充分证据表明颖泰嘉和与江西禾益侵犯了涉诉专利的专利权，颖泰嘉和及江西禾益未违反337法案规定，FMC未能满足行使涉案专利权的国内产业的技术角度和经济角度的相关要求，且被申请人已提供了清楚而具有说服力的证据表明涉诉专利的专利权无效。

3. 复审与终裁

2015年4月22日，FMC提交了对初裁结果的复审请求，2015年4月30日，被申请人和行政律师提交了对FMC复审请求的反对意见。2015年6月8日，ITC决定对该案行政法官初裁结果的部分内容进行复审，复审内容涉及FMC是否满足国内产业经济角度的要求，以及行政法官对于"a temperature in the range of about 120℃ to about 160℃"的阐释，经检视调查记录，ITC裁定维持行政法官在2015年4月10日作出的初裁报告，认定颖泰嘉和及江西禾益未违反"337条款"的规定，其甲磺草胺工艺不对涉诉专利构成侵权。

2.16.3 结论和启示

本案是我国农药行业遭遇的第一起"337调查"。2014年，颖泰嘉和的甲磺草胺产品进入美国市场不足一年，市场占有率还很低，其进入很快引起了 FMC 的关注。FMC 作为该案申请人，持有涉及甲磺草胺化合物、含甲磺草胺的组合物、甲磺草胺制备方法、甲磺草胺的制剂及使用方法等多种类型的专利，对甲磺草胺进行了各角度的专利布局；FMC 向 ITC 提出了临时救济动议，如获得 ITC 批准将进一步压缩被申请人的应诉准备时间。本案的主要启示如下：

1. 多角度抗辩

颖泰嘉和及江西禾益积极应诉，并进行了充分准备。就本案而言，涉及制备工艺的纠纷本身取证就有一定的困难，侵权判定并不容易，且目标化合物是本领域数十年前就已知的化合物，以专利权无效作为抗辩的角度也是较好的思路。因此颖泰嘉和及江西禾益采取了有效措施全力反击，从不侵权、专利权无效、原告未满足国内产业需求、原告未证明其将受到无法弥补的损害等角度进行抗辩，最终专利权无效和为满足国内产业要求的主张获得了行政法官和 ITC 的支持，取得了最终的胜利。

2. 专家证言

本案中，颖泰嘉和及江西禾益提交了专家证言，对于 337 调查，这是一种有力的证据。证实用专家证言来指出 FMC 未能证明不发布临时救济程序其将受到无法弥补的损害，涉案专利未被侵权且可能是无效的，从而使 ITC 据此驳回了 FMC 关于发布临时救济措施的动议，这也为颖泰嘉和及江西禾益提供了更为充足的应诉时间。

（撰稿人：吴　燕）

 案例评析

本案中，北京颖泰嘉和面对美国农药巨头美国富美实公司（下称"FMC"）提起的 337 调查没有退缩，而是聘请了专业的律师团队并与之通力合作，制定了诉讼策略并做了充分准备，利用 337 调查的规则，从多个角度对申请人发起了反击，最终取得了胜利。特别值得一提的是该案的申请人申

请了临时禁令。在美国337调查案中，涉及临时禁令的情况并不多，如果被准许，被申请人的产品会被立即禁止进入美国市场，从而造成巨大的损失。337调查的节奏本身就比较快，临时禁令的节奏则更快，对于被申请人来说是很不利的。但是，要想成功获得临时禁令，申请人必须证明由于被申请人的侵权行为给其造成了"无法弥补的损失"。而本案中申请人只是强调了来自中国企业的甲磺草胺产品严重削弱了其在美国的市场份额，并无其他确实的理由和证据。因此，为了反驳申请人，被申请人找到了合适的专家作为证人，证明其行为未对申请人造成不可弥补的损失，同时通过解释权利要求，给出了具有说服力的不侵权的抗辩理由，并且提供了涉案专利无效的证据。这些方面的工作，促使行政法官驳回了申请人的临时禁令申请，并同时裁定涉案专利未被侵权，而且涉案专利也可能是无效的。这个案子的最大亮点在于办案的律师团队不但拥有丰富的"337调查"案办理经验，同时具有深厚化工专业背景。为本案制定的诉讼策略非常有效，抓住了对方的弱点，为本案最终取得胜利发挥了非常大的作用。

（点评专家：杨国旭）

2.17 337－TA－920 联想集团集成电路以及含有同类组件的产品337调查案

2.17.1 当事双方及行业背景

1. 申请人

本案申请人为飞思卡尔半导体有限公司（Freescale Semiconductor, Inc.）。摩托罗拉（Motorola）于1948年创建于美国亚利桑那州，是世界上第一个半导体公司，2004年其半导体产品部门独立出来成为Freescale。Freescale的主要产品为面向嵌入和通信市场的芯片，是POWER体系芯片的重要提供商，还是第一个将MRAM商业化的厂商。2006年Freescale被百仕通集团（即黑石集团，Blackstone Group）领导的财团以 176 亿美元的总价收购；2015 年 12 月 7 日，NXP 半导体公司以约 167 亿元的总价收购了 Freescale。

Freescale 致力于半导体生产和设计嵌入式硬件，专注于汽车、消费电子、工业控制以及网络领域，其产品包括微处理器、微控制器、数字信号处理器、数字信号控制器、传感器、射频功率 IC 以及电源管理芯片，还提供软件和开发工具为产品开发提供全方位的支持。Freescale 拥有大量专利技术，横跨大约 6100 个专利领域，总部位于美国德州，在 19 个国家有制造和销售部门，雇员约 17000 人。2010 年 Freescale 成为全球领先半导体供应商，据估计，2005 年至 2010 年每 10 部手机中有 7 部采用 Freescale 硅片，几乎 70% 基础设施设备采用其射频功率器件。2011 年 Freescale 推出首款磁力计，结合磁传感器、加速度传感器和压力传感器，为智能移动设备位置跟踪提供解决方案；同年还推出业界首款多核无线基站处理器 QorIQQonverge 系列，满足小型蜂窝到大型蜂窝通信需求。2013 年 2 月 26 日，Freescale 宣布推出了世界上尺寸最小的 ARM – 动力芯片。图 2 – 7 所示为自 1987—2014 年 Freescale 的年收入（说明：2003 年之前的数据来自 Motorola 的半导体部门）。

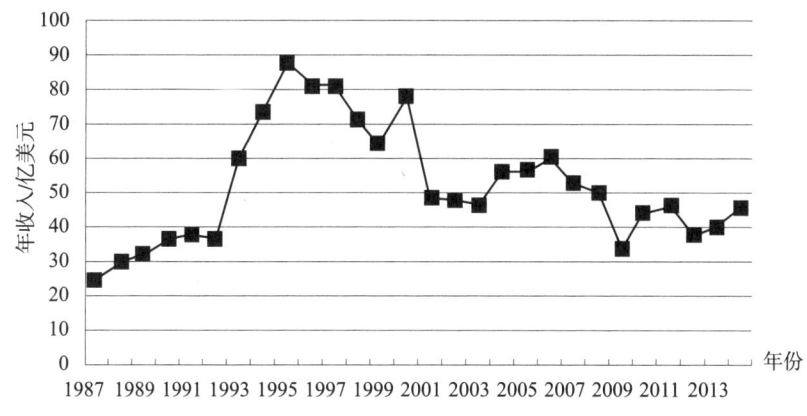

图 2 – 7 Freescale 年收入时间表

2. 被申请人

1984 年，中科院计算所投资 20 万元人民币，由 11 名科技人员创办了联想公司；1989 年北京联想集团公司成立。自 2014 年 4 月 1 日起，联想集团成立了 4 个新的、相对独立的业务集团，分别是 PC 业务集团、移动业务集团、企业级业务集团、云服务业务集团，其产品系列包括台式计算机、服务器、笔记本电脑、智能电视、打印机、智能手机等商品。

1985 年，联想推出了第一款具有联想功能的汉卡产品联想式汉卡，而联想发展 ASIC（专用集成电路芯片）技术的可以追溯到 1988 年，1990 年采用了 ASIC 芯片（DLX9000）的 7 型联想式汉卡推出后广受欢迎，成为联想式汉卡中销量最大的型号之一。之后联想与美国计算机显示芯片（VGA）公司、Trident 公司合作，并成功地开发出了 TLX9200 芯片，构成集成度更高的 9 型卡（也称为 CSVGA 卡）。ASIC 技术在联想式汉卡上的成功应用，促使联想扩大该技术在联想的其他产品如 PC、激光打印机上的应用，到 1994 年，联想在设计和应用 ASIC 方面已有了一定的经验和基础。后来，联想曾考虑与复旦大学合作建立芯片设计中心以及承接国家经贸委多媒体芯片项目继续发展芯片项目，但未能如愿。

2013 年以前，联想一直保持着一支小规模的集成电路设计团队。但随着联想业务的壮大，芯片技术方面的落后逐渐成为制约其发展的瓶颈。例如在2012 年，联想的智能手机产品开始使用三星 Exynos 4 四核处理器进行设计的首家厂商，但随着联想成为三星最大的竞争对手，三星拒绝向联想提供 Exynos 处理器的最新版本，这毫无疑问将削减联想在该产品上的竞争优势。2015年，联想已开始着力在集成电路领域取得突破。

3. 行业背景

集成电路技术（芯片）和软件技术是信息产业的核心技术，但尽管我国的 IT 产业快速发展，芯片仍大量依赖进口，例如 2007 年至 2009 年我国进口集成电路分别为 1294 亿美元、1305 亿美元、1164 亿美元，该进口额远远超过了原油、成品油和铁矿石。自 2011 年起，国家对集成电路行业的发展空前重视，着力扶持中国企业在该领域的发展，中国手机制造商也开始加快自主造芯片的进程，着手研发并推出基于 arm 架构的自主芯片。

2.17.2 337 调查历史

1. 立案

2014 年 5 月 12 日，Freescale 向美国国际贸易委员会（ITC）提出申请，

2014 年 5 月 27 日，Freescale 修改了立案申请书，指控主张对美出口、在美进口和在美销售的集成电路以及含有同类组件的产品（certain integrated circuits and products containing the same）侵犯了其美国专利 US5，962，926 之权利要求 1、7、11 和 16，US7，158，432 之权利要求 1、4—5，US7，230，505 之权利要求 1—2，US7，518，947 之权利要求 1—2、17—18，US7，626，276 之权利要求 1—2、5、8—9、16—17 和 US7，746，716 之权利要求 1、5—8 的专利权，申请启动 337 调查并发布排除令、同意令和制止令。Freescale 向 ITC 建议的强制应诉方包括中国台湾的知名芯片公司联发科技 MediaTek Inc. 和 MediaTek USA Inc.（下文简称"联发科技"），以及多家中国大陆与台湾的 PC（个人电脑）企业也被列入名单如联想、华硕、宏基、冠捷等，名单中还列有日本 PC 企业东芝、两家电视机企业——夏普和索尼，美国零售商亚马逊和百思买也被包括在内。

ITC 于 2014 年 6 月 26 日确定立案并启动调查程序（《联邦公告》79 *Fed. Reg.* 37770 – 71），案卷号为 337 – TA – 920。ITC 发表的声明，涉案产品是部分集成电路设备以及装有相关集成电路的无线通信设备、电视机、光盘播放器、平板电脑等电子产品，并最终确定 32 家企业作为本案的被申请人，联想集团和联想（美国）有限公司（合称"Lenovo"）涉案。

2. 裁决

2014 年 9 月 29 日，被申请人联发科技与申请人 Freescale 基于和解协议共同提交了终止关于 MediaTek 的调查的联合动议。2014 年 10 月 3 日，包括 Lenovo 和冠捷显示科技（厦门）有限公司在内的其他被申请方提交了一份申请终止调查的联合动议，在该动议中，上述被申请人陈述，其他被申请人使用了联发科技的芯片，因此申请人与被申请人联发科技的和解协议已覆盖了其他被申请人，其与申请人的争议已得到解决，故基于该和解协议实体内容申请终止调查。2014 年 10 月 16 日，行政法官经检视批准结束该 337 调查。

2.17.3 结论和启示

2000 年以来，我国的电子信息产业一直保持快速增长，出口量持续增加，出口商品的附加值也有所提高。中国企业的壮大使得越来越多的企业试图采取各种措施减少中国企业在美的市场份额，大步进军海外市场的中国联想集团近年来就多次涉案。本案中值得一提的是，部分被申请人曾对申请人提议的专家证人的适格性提出异议，因为这些被申请人曾雇佣过该专家并向其发送过保密信息。最终申请人不再聘用该专家证人。此外，在联发科技与申请人 Freescale 达成和解后其余被申请人提交的联合动议中，被申请人特别声明，鉴于这些被申请人与联发科技存在的竞争风险，申请对和解协议中存在敏感的商业信息限制公开，并得到了 ITC 的批准。因此在参与 337 调查的过程中，信息的保密是企业需要关注的问题之一。

（撰稿人：张成龙）

案例评析

本案的申请人飞思卡尔半导体有限公司是世界上最早进行半导体研发的公司之一，最早为摩托罗拉半导体公司。而本次的 6 篇专利，都是产品专利。目前有很多人认为，基于半导体的侵权行为较难检测，但是事实上，在美国的 337 调查或者民事法院，会引入大量技术调查官或专家证人来进行作证，或者使用反编译，或者使用检测信号流的手段用于检测权利要求中的特征是否得以实现，最终形成专家报告。在本案中，本次飞思卡尔半导体有限公司的 337 调查针对的除了其直接竞争对手联发科，更多地加入了其联发科的上游系统集成厂商，例如联想、夏普、宏基、索尼，除此之外，一并加入了大型的百货及零售厂商，如沃尔玛、新蛋、百思买。这一举动证明，飞思卡尔的真正目的并不是这些厂商，而是使用知识产权作为与上游厂商一个议价的手段。

事实证明，作为此次 337 调查的重中之中，联发科技同样不敢怠慢，采用了和解的方式对此进行了快速应对，并与 9 月 29 日提交了和解的动议，ALJ 法官与 11 月 14 日基于和解协议终止了全部调查。

需要指出的是，在本案中，作为大型的系统集成厂商，为了不影响业务的正常运营，快速解决纠纷，全部采取和解的方式进行应对，显然，飞思卡尔作为零部件厂商,这些系统集成厂商也是原告的利润来源。另外,从日后的发展来看,飞思卡尔与 NXP 的合并、与高通的合作,更加清晰地看出此次 337 调查的商业目的。因此,从系统集成厂商的角度来看,对于知识产权的风险一定要使用多个供应商,并同时积累底层的专利作为反制的武器。

从国内全球化最成功的系统集成科技型公司——联想的角度出发,自 2010 年开始,联想的专利申请量呈明显上升趋势,而在此次发起 337 调查的同年,联想集团宣布以 29.1 亿美元收购了摩托罗拉移动业务,也在品牌和知识产权两方面收获颇丰。因此,在同类的竞争厂商中处于领先位置。而从此次调查的投诉请求以及联想的询问环节可以清晰地看到,联想作为系统厂商之一,主要涉案的产品是 MT 型号的产品,作为系统厂商,完全有使用其他厂商的办法规避其专利方法。

因此,从国内企业应对知识产权纠纷的方法来说,自身的知识产权是攻防中的关键,而在充分了解调查发起人的真正目的,也许会成为短时间内解决诉讼的关键。只有了解了真正目的,才能有效地应诉调整策略。切勿盲目投入大量律师费用作侵权比对,或不侵权抗辩,及其他反诉手段,以产生大量费用。

(点评专家:范　溯)

2.18　337 – TA – 935、1007、3168 电动平衡车 337 调查案

2.18.1　涉诉企业及行业背景

1. 纳恩博科技有限公司

2013 年 6 月 20 日,纳恩博(天津)科技有限公司(Ninebot Inc.(Tian-jin)Technology Co.,Ltd.,简称"纳恩博")正式成立,是国内首家集研发、生产、销售和服务于一体的智能短途代步设备运营商,总部位于中国北京。2014 年 9 月 24 日,纳恩博(常州)科技有限公司注册成立;2015 年 1 月 23

日，纳恩博（北京）科技有限公司注册成立。纳恩博相继推出了 Windrunner（风行者）系列、Ninebot 九号系列、Ninebot One 系列产品。

2013 年，纳恩博开始进入美国市场；2015 年 4 月，纳恩博宣布获得小米科技、红杉资本、顺为资本、华山资本 A 轮联合投资，正式成为小米生态链中的一员；并与全球自平衡车的领导者赛格威公司（Segway Inc.，简称"赛格威"）完成《股权购买协议》的签署，完成对其的全资收购，赛格威成为纳恩博的全资子公司。赛格威创造了世界上第一台智能自动平衡的交通工具，收购完成后的纳恩博获得了赛格威三大产品系列近十款产品的所有权以及全球最核心的超过 400 项行业专利，成为全球最具影响力的智能短途交通行业领导品牌，其专利授权产品出口至 60 多个国家和地区。2016 年 4 月 29 日，纳恩博获得美国 UL（Underwriter Laboratories Inc.）安全认证授权证书，成为全球首个通过 UL2272 电动平衡车安全标准测试的平衡车企业。

2. 杭州骑客智能科技有限公司

杭州骑客智能科技有限公司，是一家依托于教育部计算机辅助产品创新设计工程中心、浙江大学国际设计学院和浙江省服务机器人重点实验室等专业机构共同孵化，由国内著名投资机构共同投资的高科技企业，创立于 2013 年 5 月 9 日。其研究小组组建于 2006 年，2009 年落实了人机互动平衡技术实现并开始申请专利和专利布局；2014 年 8 月公司发布了首款骑客智能平衡车；2015 年 5 月，杭州骑客完成 A 轮融资；2016 年 5 月 18 日，骑客人机互动运动车获美国 UL2272 安全认证授权证书；2016 年 6 月 20 日，杭州骑客智能科技有限公司通过 UL（美国保险商试验所）验厂。

3. 行业背景

平衡车是一种电力驱动、具有自我平衡能力的个人运输载具，由美国发明家狄恩·卡门（Dean Kamen）与他的 DEKA 研发公司（DEKA Research and Development Corp.，1982 年建立）团队发明设计。卡门于 2000 年创立赛格威责任有限公司（Segway LLC.），2005 年 9 月改为赛格威公司（Segway. Inc）。

平衡车的工作原理是物理学的动态平衡原理，当身体移动时，动作中的重心不断改变，车体内置的精密固态陀螺仪（Solid-State Gyroscopes）判断车身所处的姿势状态，透过精密且高速的中央微处理器计算出适当的指令后，驱动马达来达到平衡，通过电脑芯片控制车体行进或转向。除此之外驾驶人也可以扭转摄位车的龙头（把手）部分，使其两侧的车轮产生转速差而达到转向目的。2001 年 12 月 3 日，赛格威发布了 Segway HT 的原型车，2002 年 1 月推出了第一辆平衡车预产车，同年 3 月第一辆实际量产的产品 Segway HT i167 正式出厂。

在全球"节能减排"的号召下，在短途出行领域，越来越多人选择低碳环保的平衡车作为交通工具，市场占有率迅速增长，出口成倍增长。2015 年，平衡车的产业规模达到了 4000 亿元人民币，中国平衡车出货量就达到 1200 万台，相关生产厂家超过 1000 家，出口主要市场为美国，占比超过 60%。图 2 - 8 为上市的几种常见的平衡车类型。

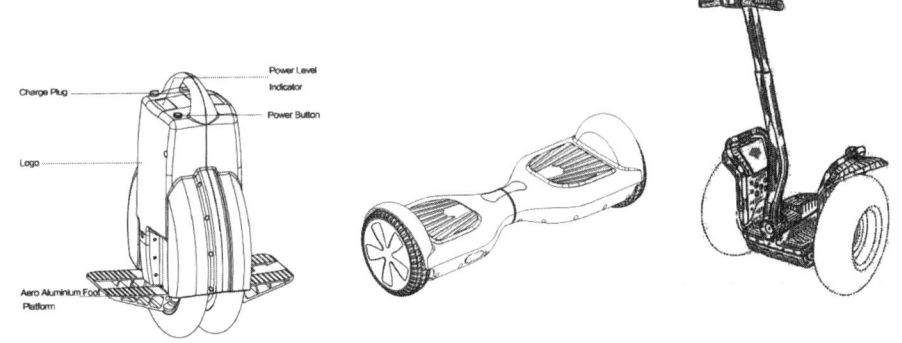

图 2 - 8　常见平衡车类型

然而在过去两年里，出口市场秩序问题和产品质量安全问题使中国的平衡车行业明显受挫：据统计，从 2015 年 12 月 1 日到 2016 年 2 月 17 日，美国国内共有来自 24 个不同州的 52 起平衡车起火事件，造成超过 200 万美元的经济损失；在英国、比利时、中东、中国香港等国家及地区相继发生近百起着火事件。此后，美国消费产品安全委员会宣布召回亚马逊等平台售出的 50 余万台平衡车，亚马逊强制下架大量平衡车产品，美国第二大型零售商 Target 随后也停止出售平衡车。2016 年 2 月，美国消费品安全委员会发布公告，宣称所有在美国本土生产、进口、销售的平衡车必须符合包括 UL 2272（平衡车电路系统认证标准）的最新安全标准，并明确平衡车电池必须符合 UN38.3 的认证要求。此时，亚马逊再次下架了网站上的所有电动平衡车产品。而在国内，上海、北京等城市先后表示电动平衡车不能作为交通工具在道路上使用，禁止平衡车上路行驶。

2.18.2　337 调查历史

截至目前，ITC 已发起了表 2 - 8 所示的 4 起针对平衡车的 337 调查。

表 2 - 8　2014 ~ 2016 年涉及平衡车的 337 调查案

案卷号	申请时间	申请人	被申请人
337 - TA - 935	2014 - 9 - 9	DEKA Products Limited Partnership (USA)；赛格威	包括纳恩博在内的 11 家中外生产商，中企 8 家
337 - TA - 1000	2016 - 3 - 22	Inventist, Inc. (USA)；Razor USA LLC (USA)；Shane Chen (USA)	30 家企业，包括阿里巴巴在内的经销商和中外生产商，中企 11 家
337 - TA - 1007	2016 - 5 - 18	DEKA Products Limited Partnership (USA)；纳恩博；赛格威	无
337 - TA - 3168	2016 - 8 - 16	DEKA Products Limited Partnership (USA)；纳恩博；赛格威	13 家中外生产商，中企 4 家

1. 337 - TA - 935 赛格威 vs. 纳恩博 337 调查案

2014 年 9 月 9 日，DEKA 和赛格威向美国国际贸易委员会（ITC）提交了立案申请书，9 月 19 日和 10 月 6 日对立案申请书进行了补充和修改。申请人主张部分对美出口、在美进口和在美销售的个人运输载具及其组件、使用指南（Certain Personal Transporters, Components Thereof and Manuals Therefor）侵犯了其美国专利 US 6，789，640 之权利要求 1、4，US7，275，607 之权利要求 1、3 和 7，US8，830，048 之权利要求 1、2、4—7，设计专利 US D551，722、US D551，592 和版权登记 TX 7 - 800 - 563 的知识产权，申请启动 337 调查并发布包括普遍排除令在内的救济令。申请人建议的强制应诉方包括中国企业北京 PowerUnion 科技有限公司、北京博创兴盛机器人技术（UPTECH Robotics Technology、Universal Pioneering Robotics、Universal Pioneering Technology）有限公司、纳恩博公司、深圳乐行天下（INMOTION）科技有限公司、东莞易步（Robstep）机器人有限公司和深圳畅行未来智能科技（FreeGo High-Tech）有限公司。

涉案专利 US 6，789，640 于 2004 年 9 月 14 日获得授权，发明人已于 2003 年 4 月 10 日将相关权利转让给 DEAK；涉案专利 US 7，275，607 于 2007 年 10 月 2 日获得授权，发明人已于 2004 年 12 月 21 日将相关权利转让给 DEAK；涉案专利 US 8，830，048 于 2014 年 9 月 9 日获得授权，发明人已于 2014 年 12 月前将相关权利转让给 DEAK。DEAK 将上述专利以独占许可方式授权赛格威使用。US D551，722 和 US D551，592 于 2007 年 9 月 25 日获得授权，发明人已于 2006 年 6 月 29 日和 30 日将相关权利转让给赛格威。

2014 年 11 月 10 日，ITC 确定立案并启动调查程序（《联邦公告》79 *Fed. Reg.* 66739 – 40），案卷号为 337 – TA – 935。

在马克曼听证前，申请人与被申请人东莞易步和深圳乐行天下就涉诉专利部分权利要求的特征阐释达成了一致意见，调查律师对争议释义也发表了意见。2015 年 4 月 16 日，行政法官举行了马克曼听证程序，出席听证的被申请人仅有深圳乐行天下的委托律师。基于申请人提供的专家证言，且各方不再存在争议，行政法官对争议特征的释义采用了申请人和调查律师的意见。

被申请人未对涉诉专利的有效性提出质疑。

如表 2 – 9 所示，2015 年，申请人先后与部分中企达成调解，提出了终结调查的联合动议并得到行政法官批准。

表 2 – 9　申请人与部分中企以达成和解结案

被申请人	联合动议	行政法官批准
东莞易步	2015 年 4 月 21 日，和解	2015 年 5 月 4 日
深圳乐行天下	2015 年 5 月 28 日，和解	2015 年 6 月 19 日
纳恩博和 PowerUnion	2015 年 8 月 13 日，和解，许可协议	2015 年 8 月 20 日

2015 年 5 月 7 日，行政法官发布决定，裁定中企北京博创兴盛、深圳畅行未来缺席审查。2015 年 7 月 8 日，申请人提交动议，申请对缺席被申请人作出缺席初裁。由于涉诉缺席企业并未作出回应，2015 年 8 月 21 日，行政法官发布的初裁决定包括：（1）取消原定于 2015 年 9 月 8 日至 11 日举行的听证程序；（2）风行者 G1U、G1X 和 INMOTION SCV 产品对所有涉诉发明专利的权利要求构成侵权，G1U 对 US D551，722 构成侵权，G1X 和 FreeGo F3 对 US D551，592 构成侵权，风行者的使用指南对版权登记构成侵权；FreeGo

和 Robstep M1 产品对除 US 6,789,640 之权利要求 1 以外的所有涉诉发明专利的权利要求构成侵权;(3)纳恩博产品获得涉诉专利和版权登记的授权;(4)裁定缺席中企侵权;(5)建议对侵犯 US8,830,048 专利权的产品发布普遍排除令,对侵犯 US6,789,640、US7,275,607 以及设计权利要求和版权登记的产品发布有限排除令,以进口值的 100% 作为在总统审查期内临时进口的保证金。

各方并未提出复审请求。2015 年 10 月,ITC 决定对部分初裁结果进行复审。经检视,2016 年 3 月 10 日 ITC 发布终裁公告,支持了行政法官关于缺席企业侵权的初裁裁定。

2. 337 - TA - 1000

2016 年 3 月 22 日,美国 Razor USA LLC、Inventist, Inc. 和 Shane Chen 向美国 ITC 提出 337 立案调查申请,并且于 2016 年 3 月 23 日、4 月 12 日、4 月 13 日和 5 月 5 日补充了其立案调查申请内容,指控对美出口、在美进口和在美销售的部分电动平衡车(Motorized Self-Balancing Vehicles)侵犯了其美国专利 US8,738,278 的专利权,并涉嫌虚假广告宣传、虚假陈述和不公平竞争,请求美国 ITC 发布包括普遍排除令在内的救济令。涉案专利 US8,738,278 由 Shane Chen 于 2013 年 2 月 11 日提出申请,2014 年 5 月 27 日获得授权,涉及中轴可扭动、左右轮可独立靠重心或受力控制转动的两轮平衡车。在申请书中,申请人建议将包括阿里巴巴集团控股公司、杭州阿里巴巴网络有限公司(Alibaba.com)、杭州骑客(Chic)智能科技有限公司、深圳凯贝(Kebe)科技有限公司、惠州 Aoge 公司(Joy Hoverboard, a.k.a. Huizhou Aoge Enterprize Co. Ltd)、北京 Leray 集团、深圳 Shareconn 国际、深圳 R.M.T 技术有限公司、深圳乔兴(Supersun)科技有限公司、深圳辰多星(Chenduoxing)电子科技有限公司和深圳九摩(Jomo)科技有限公司在内的 30 家企业列为强制应诉方。2016 年 5 月 26 日,ITC 确定立案并启动调查程序(《联邦公告》81 *Fed. Reg.* 33548 - 49),案卷号为 337 - TA - 1000。

2016 年 6 月 16 日和 27 日,杭州骑客和阿里巴巴先后应诉并提交答辩意见;2016 年 7 月 14 日,杭州骑客以涉案专利进入再公布程序为由提出结束或暂停调查的动议,该动议于 2016 年 7 月 26 日得到了阿里巴巴的支持,但未获 ITC 通过。2016 年 7 月 28 日，行政法官否决了该动议。

2016 年 7 月 6 日，申请人提交动议，要求对深圳凯贝和深圳九摩发布缺席初裁；该动议于 2016 年 8 月 9 日获批。2016 年 7 月 29 日，申请人提交动议，要求对惠州 Aoge、深圳辰多星、深圳 R. M. T 发布缺席初裁；该动议于 2016 年 9 月 8 日获批。

2016 年 9 月 6 日和 15 日，申请人提交动议，分别要求撤回关于涉案专利 US8，738，278 之权利要求 9 和 4 的调查；2016 年 9 月 20 日和 27 日，行政法官经检视后批准上述动议。

本案的马克曼听证程序定于 2016 年 9 月 21 日举行。

3. 337 - TA - 1007

2016 年 5 月 18 日，在完成了赛格威的收购后，纳恩博与 DEKA、赛格威作为共同申请人向美国国际贸易委员会（ITC）提交了立案申请书，要求对 Inventist，Inc.、Razor USA LLC 等 6 家国外平衡车生产商发起 337 调查。申请人指控其美国进口以及美国国内市场销售的个人运输载具、组件、包装及使用指南（Personal Transporters，Components Thereof，and Packaging and Manuals Therefor）侵犯了其美国专利 US6，302，230 之权利要求 1、3—5、7，US 6，651，763 之权利要求 1—5、7，US 7，023，330 之权利要求 1—3、5，US7，275，607 之权利要求 1—4、6，US 7，479，872 之权利要求 1、3—5、10—12、17 以及 US 9，188，984 之权利要求 1—3、5—20 的专利权，以及美国注册商标 2，727，948 和 2，769，942 的知识产权（针对被申请人美企 Segaway 和 Swagway LLC）。2016 年 6 月 24 日，ITC 确定立案并启动调查程序，案卷号为 337 - TA - 1007。涉案专利涉及（带有把手）平衡车及其控制器、预警系统。

本案虽无华企作为被申请人涉案，但赛格威要求 ITC 发布普遍排除令。

2016 年 6 月 1 日，杭州骑客和 Swagway LLC 就公众利益问题向 ITC 提交了陈述意见：骑客认为申请人仅列举了 6 名被申请人，无权要求发布普遍排除令的救济令；Swagway 声称其下一代产品已获得 UL2272 安全认证的授权证书，因此申请书中所述 Swagway 的产品不安全的理由不成立。经审查，ITC 认为，Swagway 现有进口至美国并在美销售的产品并未获得 UL2272 认证，

2016 年 4 月由赛格威从 Swagway 购买的涉案产品也未发现 UL2272 认证标志，因此 Swagway 并未就其现有产品的安全性提供证明；行政法官还认定，本案调查不会给公众利益带来不利后果。

本案中被申请人 Inventist, Inc.、Razor、Swagway LLC 和 Jetson Electric Bikes LLC 应诉，2016 年 8 月 17 日，上述四家企业与申请人向 ITC 共同提交了第一次和解会议报告，称在 8 月 10 日前申请人与各被申请人的单独和解谈判中并未取得一致，但双方仍会根据调查进程考虑达成和解。

2016 年 9 月 1 日，行政法官裁定被申请人 PhLmkeeDuck, Inc. 和 Segaway 缺席调查。

2016 年 9 月，申请人提出修改申请书的动议，将 US 6，651，763 之权利要求 1—5、7，US 7，023，330 之权利要求 1—3、5 和 US 7，479，872 之权利要求 1、3—5、10 增加至对 Jetson 的侵权指控中。

4. 337 – TA – 3168

2016 年 8 月 16 日，纳恩博再次与 DEKA 和赛格威一起向美国国际贸易委员会（ITC）提交了立案申请书，要求发起 337 调查，此次纳恩博列出的强制应诉方为 13 家中外平衡车生产商，指控其美国进口以及美国国内市场销售的个人运输载具、组件、包装及使用指南（Personal Transporters, Components Thereof, and Packaging and Manuals Therefor）侵犯了其美国专利 US6，302，230 和 US7，275，607 的专利权。涉案中国企业包括常州爱尔威（Airwheel）智能科技有限公司、南京快轮（Fastwheel）智能科技有限公司、杭州骑客（Chic）智能科技有限公司、广州科佰艺（Kebye）电子科技有限公司、深圳市辰多星（Chenduoxing）电子科技有限公司和深圳市九摩（Jomo）科技有限公司等中小型平衡车生产商。目前 ITC 尚未作出是否立案的决定。

2.18.3　结论和启示

平衡车制造商基本可分为三种类型：纳恩博和小米为代表的以投资收购方式组成的民营阵营；杭州骑客联合浙大为代表的以产品先于专利方式组合的"产学研"阵营；美籍华人 Shane Chen 及其 Razor、Inventist 为代表的专利先于产品的境外阵营。目前，中国电动平衡车产业的困境在于其知识产权储备和保护意识严重落后于生产力的发展水平。一方面，产品正版市场占有率很低，缺乏知识产权的山寨产品泛滥，产品质量环节出现了问题，对其安全性的质疑日渐增多。另一方面，多次涉诉也给"中国制造"的品牌带来了负面影响。如何走出困境，是摆在整个行业面临的严峻挑战。本案的启示如下：

1. 可支配知识产权是王道

企业自身的成长不可或缺。在进入海外市场的过程中需要对其可能面临的知识产权风险作出预判和采取必要的预防措施，通过产品的规避设计、和解谈判、申请专利等加强自身的知识产权积累，增加获胜的砝码。而专利取得的方式主要包括自主研发和购买专利两种，其中购买专利能在短期内迅速扩充企业的专利池，例如在上述 337 调查案例中，纳恩博通过从英国公司的手中买过赛格威的品牌和专利来增强品牌价值和专利的数量，实现了从被申请人到申请人的快速转变。即使在涉入调查的过程中，企业也可以通过向美国联邦法院的反诉，以及在中国提起关联诉讼发挥影响，例如在 337－TA－1000 案中，杭州骑客在美国加利福尼亚中区联邦地区法院，以修改骑客最初于 2016 年 5 月 19 日提起的专利侵权诉讼起诉状的形式，对 Razor 的电动平衡车产品 Hovertrax 2.0 提起侵犯骑客 US9，376，155 号专利的诉讼；此外杭州骑客还向国家知识产权局专利复审委员会请求宣告 CN203158157U 专利权无效，CN203158157U 的申请日先于涉诉专利的优先权日，2016 年 6 月 22 日，专利复审委对 CN203158157U 做出"宣告专利权全部无效"的决定。

2. 充分利用行业协会的力量

行业协会应成为行业健康发展和企业应对 337 调查的有力支撑。针对我国电动平衡车企业不断涉诉的现状，2016 年 8 月 30 日，中国机电产品进出口商会平衡车分会成立，选举杭州骑客智能科技有限公司担任中国机电商会电动平衡车分会第一届理事长，深圳茂硕电源股份有限公司、深圳市雷恒科技有限公司、东莞市车小秘智能科技有限公司担任副理事长，金华市绿宝车业有限公司、深圳市佳利科电子有限公司、常州市辛利达电子有限公司、深圳市欢喜科技有限公司、广东天劲新能源科技股份有限公司、杭州检验认证有限公司、杭州俊马科技有限公司、深圳市英唐智能交通有限公司担任理事单位。可以预见，行业协会将对电动平衡车行业的健康发展、337 调查预警、企业联合应诉等方面发挥积极作用。

（撰稿人：郑少君）

 **案例评析**

337 调查是指美国国际贸易委员会（以下简称 ITC）依据美国 1930 年关税法第 337 节（简称"337 条款"），对不公平的进口行为进行调查，并采取制裁措施的做法。实践中，337 调查主要针对进口产品侵犯美国知识产权的行为。符合条件的知识产权的权利人可以通过启动 337 调查来请求 ITC 颁布"普遍排除令"或者"有限排除令"，从而达到将侵权产品排除在美国市场之外的目的。

337－TA－935、1000、1007、3168 电动平衡车调查案反映了电动平衡车行业的几大阵营之间系列专利大战。也是为数不多的中国企业反客为主最后成为 337 调查申请人的案例。结论和启示部分总结得非常好。企业在发展壮大中拥有自己的知识产权非常重要，对于专利权，可以通过自己研发，也可以通过获得许可或者购买或者并购的方式取得。纳恩博就是通过并购的方式取得了电动平衡车的多项专利，从而在这场系列大战中占据了主导地位。在资金允许的前提下，企业通过购买/并购的方式取得专利也不失为快速获得知识产权的捷径。而杭州骑客则采用了自己研发的方式，取得了另一种电动平衡车，俗称扭扭车的发明和外观专利，使得他在与其他竞争对手的专利战中获取对抗的资本，非常难能可贵。另外，我们也看到其他一些被列入被申请人的中国企业，并没有自己的知识产权，也没有经济实力参与 337 调查程序，而缺席 337 调查程序，这就等于放弃了美国市场。另外有一些企业则选择了与申请人达成和解的方式。应当说，在商言商，权衡利弊，有时和解不失为一种解决问题的方式。虽然在电动平衡车行业，我们国家涌现了像纳恩博和杭州骑客这样的勇于应战 337 调查，并且善于利用 337 调查或者诉讼程序维护自己权益的企业，但是还存在大量的中国电动平衡车企业起点不高，技术实力不强，还仅限于简单组装的性质，为了降低成本，采用质量不过关的电路板或者电池，产品质量堪忧。我们国家目前还没有电动平衡车方面的国家或者行业标准，这也是造成电动平衡车乱象的原因之一。所幸的是，无论是企业还是国家层面，已经意识到问题的严重性，继 2016 年 8 月 30 日，成立了中国机电产品进出口商会平衡车分会以后，2016 年 12 月 12 日，中国国际贸易促进委员会又在北京举办中国智能短途交通行业创新发展论坛暨中国国际商会智能短途交通专业委员会工作组（筹）成立大会，会议宣布，首批电动平衡车国标《电动平衡车通用技术条件》和《电动平衡车安全要求及测试方法》已经开始起草，并将于一年后报批。可以肯定，我国的电动平衡车行业在政府和行业协会协调下，必将进入健康有序、公平竞争的良性发展状态。

（点评专家：杨国旭）

2.19　337 – TA – 3053、949 联想集团音频处理产品 337 调查案

2.19.1　涉诉企业及行业背景

1. 申请人

本案申请人为 Andrea Electronics Corp.，总部位于美国纽约州，主要提供数字阵列式麦克风和降噪软件，为语音识别、VoIP、视频会议、电脑游戏、车内计算机和移动录音设备等提供优化音频表现的解决方案。Andrea Radio Corporation 于 1934 年由 Frank A. D. Andrea Sr. 创立，20 世纪 40 年代成为领先的无线电通信生产商，20 世纪 50 年代因提供了 "Cadillac of televisions" 产品闻名于世，20 世纪 60 年代，公司为 Mercury 航天器提供了空间音频系统。在 20 世纪 70 至 80 年代，Andrea 成为国防工业中高品质航空电子学内部通信联络系统设备的顶级提供商。1990 年，Andrea 成立了积极噪声消除部门，并更名为 Andrea Electronics Corporation。1998 年，Andrea 发布了世界首款商业用途的电子阵列麦克风。此外，Andrea 期待其专利产品 DigitalSuper Directional Array（DSDA）、PureAudio、SuperBeam、EchoStop、Universal Serial Bus

（USB）和软件强化技术能扩充 Andrea Electronics 的产品线并为未来的音频交流提供商业机会。2012 年公司净收入为 3324916 美元，研发支出为 749879 美元；2013 年公司净收入为 3250800 美元，研发支出为 701161 美元；2014 年公司净收入为 2786576 美元，研发支出为 728240 美元；2014 年公司净收入为 2786576 美元，研发支出为 728240 美元。2015 年 Andrea 的专利许可收入大幅增加，由 2014 年的 4557 美元增加至 12104958 美元，公司总收入达到 13234882 美元。

2. 被申请人

1984 年，中科院计算所投资 20 万元人民币，由 11 名科技人员创办了联想公司；1989 年北京联想集团公司成立。1990 年，首台联想微机投放市场；1994 年，联想在香港联合交易所上市，并成立联想微机部；1995 年，联想推出第一台服务器；1996 年，联想笔记本问世；自 1996 年起，联想电脑销量一直位居中国国内市场首位；2005 年 5 月，联想集团收购 IBM PC 事业部；2009 年 11 月联想向由弘毅投资为首的一些投资者收购联想移动通信技术有限公司（简称"联想移动"）的所有权益，进军中国移动互联网市场；2010 年 4 月联想宣布在中国正式启动移动互联战略，并推出乐 Phone、Skylight、ideapad U160 等移动互联终端；2012 年，联想发布了智能电视等创新产品；2014 年 1 月 23 日联想集团收购 IBM 低端服务器业务；2014 年，联想推出联想互联网创业平台 NBD（New Business Development），并发布了该平台"孵化"的首批三个创新产品智能眼镜、智能空气净化器和智能路由器；2014 年 10 月，联想集团宣布了已经完成对摩托罗拉移动的收购，成为仅次于三星和苹果公司的全球第三智能手机厂商。自 2014 年 4 月 1 日起，联想集团成立了四个新的、相对独立的业务集团，分别是 PC 业务集团、移动业务集团、企业级业务集团、云服务业务集团，其产品系列包括台式电脑、服务器、笔记本电脑、智能电视、打印机、智能手机等商品。2015 年 8 月 27 日，联想移动宣布除神奇工场之外的所有联想移动业务都将并入去年初收购的摩托罗拉。

3. 行业背景

音频编解码的实现涉及采用芯片对语音信号进行采集以及通过芯片或软件来实现语音信号处理的算法。语音处理算法包括口授、语音激活、语音压缩和其他系统，而附加至语音的环境噪声降低了语音处理算法的性能，降低声音和语音的质量和可理解性，为克服上述问题，需要实现在不影响语音及其特征的基础上减小噪声并提高信噪比（S/N 比）。传统的减噪方法之一为近场噪声消除麦克风，但其要求麦克风尽量靠近目标声源，给使用带来了很多局限；另一方法为麦克风阵列技术，对处理方向性很强的噪声十分有效，但在噪声源是漫射（例如环境回响严重）时，效果并不令人满意。本案的涉案专利涉及利用频谱减除、次波带处理和指数平滑，以及改进的自适应系统进行噪声消除和减小的技术，涉案产品包括音频编解码芯片，用于消除或降低有害噪音的音频处理软件，以及包含此类芯片和软件的台式计算机、一体化计算机、笔记本等产品。

2.19.2　337 调查历史

1. 337 – TA – 3053

2014 年 7 月，Andrea 向纽约州东区联邦法院提交了专利侵权诉讼，被告为 Acer Inc.、Lenovo 和 Toshiba Corp.。2014 年 10 月 20 日，Lenovo 答复了 Andrea 的诉讼状并提出了反诉。2014 年 11 月 10 日 Andrea 第一次修改了起诉状，2014 年 11 月 24 日，Lenovo 答复并提出了反诉。2015 年 1 月，Andrea 向纽约州东区联邦法院再次提交了专利侵权诉讼，Lenovo 等 7 家公司涉案，其中仅 Lenovo 于 2015 年 2 月 10 日答复了诉讼状并提出了反诉。

2015 年 1 月 23 日，Andrea 向美国国际贸易委员会（ITC）提出申请，主张对美出口、在美进口和在美销售的音频处理硬件、软件和产品以及含有同类组件的产品（Audio Processing Hardware and Softwareand Products and Products Containing Same）侵犯了其美国专利 US5，825，898 之权利要求 1—28，US6，483，923 之权利要求 1—16，US6，049，607 之权利要求 1—12、25—37，US6，363，345 之权利 1—25、38—40 和 42—47，US6，377，637 之权利要求 1—14 的专利权，申请启动 337 调查并发布有限排除令、同意令和制止令，建议将美国华硕电脑国际公司（ASUS Computer International, Inc.）、宏基美国公司（Acer America Corporation）、台湾宏基公司（Acer, Inc., Taiwan）、台湾华硕电脑公司（Asustek Computer, Inc., Taiwan）、美国戴尔公司

（Dell，Inc.）、美国惠普公司（Hewlett-Packard Company）、联想美国公司（Lenovo（United States），Inc.）、中国联想集团公司（Lenovo Group Ltd）、美国联想控股公司（Lenovo Holding Co.，Inc.）、瑞昱半导体股份有限公司（台湾）（Realtek Semiconductor Corp.，Taiwan）、东芝美国信息系统公司（Toshiba America Information Systems，Inc.）、东芝美国公司（Toshiba America，Inc.）和日本东芝公司（Toshiba Corporation，Japan）共计13家企业作为本案的强制应诉方，联想集团、联想控股公司和联想（美国）有限公司的涉案产品为 ThinkPad T440。ITC 确定的案卷号为 337 – TA – 3053。2015 年 2 月 9 日，申请人 Andrea 提交动议申请撤回 337 调查申请。

2. 337 – TA – 949

2015 年 2 月 9 日，Andrea 再次向 ITC 提出 337 调查申请，对美出口、在美进口和在美销售的音频处理产品（Audio Processing Hardware and Software and Products Containing the Same）侵犯了其美国专利 US5，825，898 之权利要求 1—28，US6，483，923 之权利要求 1—16，US6，049，607 之权利要求 1—12、25—37，US6，363，345 之权利要求 1—25、38—40 和 42—47，US6，377，637 之权利要求 1—14 的专利权，要求启动 337 调查并发布有限排除令、同意令和制止令，将联想集团及其子公司等企业作为本案的强制应诉方。2015 年 3 月 18 日，ITC 确定立案并开启调查程序（《联邦公告》80 *Fed. Reg.* 14159 – 60），案卷号为 337 – TA – 949。立案公告要求行政法官在立案后 100 天内确定申请人 Andrea 是否具备针对涉诉专利提起调查申请的资格，2015 年 6 月 11 日，行政法官初步裁定 Andrea 具备申请资格。对此，各被申请人于 2015 年 6 月 16 日共同提出复审请求，以及就上述问题口头答辩的动议；2015 年 6 月 19 日，Andrea 就此提交了反对意见并获得了行政律师的支持。2015 年 7 月 13 日，ITC 经检视确认否决了被申请人的提议，裁定对行政法官的上述初裁结果不再复审。

联想集团在与 Andrea 的协议中声称，联想并未涉入涉诉企业被申请人的争议行为。基于该协议，Andrea 同意撤回针对联想集团的调查请求，并于 2015 年 3 月 24 日提交了申请终止对 Lenovo 集团 337 调查的动议。2015 年 4 月 2 日，行政律师支持了该动议。2015 年 4 月 7 日，行政法官经检视，作出了批准上述动议的初裁公告。

2.19.3　结论和启示

回顾近年来 337 调查的历史，可以看到消费电子领域及关联产业一直是 337 调查的重灾区，大步进军海外市场的中国联想集团多次涉案。2000 年以来，我国的电子信息产业一直保持快速增长，出口量持续增加。在 2015 年，中国机电产品出口 1.31 万亿美元，而美国是中国出口的重要市场，2015 年中国对美国出口增长 3.4%，达到 5582.8 亿美元，这也促使越来越多的企业采取各种措施试图减少中国企业在美的市场份额，甚至将其排挤出美国市场。

（撰稿人：张成龙）

　**案例评析**

在本案中，从申请人 Andrea 的公开数据来看，2015 年前的许可费少得可怜。作为最早研发声学系统的配件厂商，手中掌握有多项专利资产，从本案的涉案专利中，大多专利是在 1999 年到 2000 年之前的发明专利。据此推算，该专利的保护期限也即将到期。因此，抓紧时间维权成为此次 Andrea 的主要诉因。

在美国的诉讼情况下，337 调查是进程最快 12 个月到 15 个月就会结案、禁令最严格的诉讼手段。很多国内涉案企业在没有找到合适的应对方法时，就已经进入了实质性阶段，这也是很多国外企业热衷于提起 337 调查的诉讼的原因。但是缺点在于，337 调查仅涉及禁令（普遍限制令 GEO、一般限制令 LEO、禁止令 DC），因此，在索要赔偿的情况下，很多企业会启动地方法院的平行诉讼，以给被调查企业更大的压力。

在本案中，由于涉案专利的到期日，采取地方法院发起诉讼，会造成诉讼时间过长，而在询问、证据发现等环节中，失去对被告最有力的打击。

除此之外，在本案中申请人就被申请人列出了全球顶级的系统厂商，例如，戴尔、惠普、华硕、宏基、东芝等，除此之外，联想集团、联想控股、联想美国等公司也在此被告之列。

在了解了对方的真正目的，联想主动应诉，并在答辩状中成功使用反诉手段对申请人进行遏制。

在本案中，337调查中的本国经济也会起到很重要的答辩点，由于Andrea的禁令会对公众利益起到反作用，也是联想此次在答辩中起到的亮点。

以上手段打乱了申请人原有的步骤，因此，迫使其与联想进行了进一步的和解谈判，在公开的数据来看，联想和Andrea就和解以及许可协议向ITC提交了联合动议，终止此调查。2016年2月23日，行政法官颁发了终止的命令。同时，申请人也撤回了地方法院的诉讼。

可以看到，在了解对方的商业目的同时，需要了解涉案专利的有效性以及到期日，这样能够在337调查中占据主动。

同时，反诉手段要及时提出，这样能够在案件中控制案件的节奏。并使得对方尽快做出双赢的和解手段，节省后续诉讼不必要的费用开支。

（点评专家：范　溯）

第
3
章

京企涉案启示和建议

近年来，我国对外贸易的发展举世瞩目。表 3 - 1 所示显示了 2009 年至今中国贸易出口总额、对美出口总额和北京地区外贸出口总额。

表 3 - 1　2009 ~ 2016 年前三季度出口额

年份	2009	2010	2011	2012	2013	2014	2015	2016. 1 - 3
总值（亿美元）	12016. 1	15777. 5	18983. 8	20487. 1	22090	23422. 9	22735. 3	4639. 3
美国	2208	2832. 9	3244. 5	3517. 8	3684. 3	3960. 9	4095. 4	816. 5
北京	483. 8	554. 4	590	596. 3	632. 5	623. 5	546. 7	108. 7

如表 3 - 1 所示，2015 年全球经济复苏乏力，国际市场需求疲弱，世界贸易下行压力增大。受全球贸易额大幅下降等因素的影响，中国出口震荡下滑，出口总额 22735. 3 亿美元，相比 2014 年下降 2.9%；但中国货物贸易出口额仍稳居世界第一，出口情况优于世界其他主要经济体，国际市场份额进一步扩大，出口占国际市场份额升至 13.8%，相比 2014 年提高 1.5 个百分点。随着中国企业技术水平和竞争力的不断提升，中国出口商品的附加值有所提高，出口制造业在产业链的位置逐渐上升，贸易结构持续优化。进入 2016 年以来，世界经济增长仍表现低迷，全球经济低速增长局面尚未出现明显改善，不同国家之间经济复苏进程分化加剧，IMF 在最新发布的《全球经济展望》中再次下调对全球经济增长的预期，中国对外贸易面临着严峻而复杂的形势。

根据 2015 年北京市市政府公布的《〈中国制造 2025〉北京行动纲要》，北京市瞄准全球制造业创新制高点，制定了到 2025 年形成创新驱动、高端发展、集约高效、环境友好的产业发展新格局，国际竞争力和影响力显著提升的目标，鼓励企业融入全球制造网络，通过收购兼并、联合经营、设立分支机构和研发中心等方式积极拓展国际市场，构建国际化的资源配置体系。可以预见，将有越来越多的北京企业大步进军海外市场。在全球经济低速增长局面尚未出现明显改善的背景下，中国企业的发展势必大幅压缩国外企业在其本土的利润空间，面临全球贸易保护主义升温的形势，中国企业在走向海外的过程中遭受贸易救济调查的情况不可避免。事实上，随着我国进出口贸易转型升级和国际竞争能力的提高，国际贸易摩擦已从对普通商品的反倾销向更高形态的知识产权诉讼转变。纵观近年来 337 调查的情况，尽管年立案量自 2012 年起总体呈下降趋势，但中国企业被诉 337 调查案量仍居高不下，连续多年成为 337 调查的最大目标国，给中国企业发展带来了巨大压力和潜在风险。本章将就中国企业如何增强对 337 调查的防范应对能力提供一些实务指导。

3.1 预防措施

3.1.1 事前知识产权预警

我国企业的传统出口营销策略往往通过低价销售占据国外市场，出口产品长期存在着技术含量偏低、附加值少等情况，企业知识产权保护意识普遍淡漠，境外专利布局严重不足。因此在卷入 337 调查后，我国企业往往处于被动的局面，这从以往 337 调查中我国企业多次因缺席调查而被发布有限排除令和普遍排除令的情况可见一斑。排除令的发布不仅直接导致我国涉案企业被迫放弃美国市场，而且一旦 ITC 裁定发布普遍排除令，涉案产品的下游产品及上游的零部件产品均有可能被排除出美国市场，被判侵权的结果还给"中国制造"的品牌蒙上了阴影。在当今知识经济时代，中国传统出口低成本的竞争优势有所弱化，知识产权壁垒已成为国际竞争的重要利器。因此走出国门的中国企业应牢固树立知识产权意识，在产品出口或签订出口或加工合同前采取事前知识产权预警措施：不但要做好市场研究和调查工作，更应当由法律部门或专业的律师先进行法律风险评估，通过检索和分析相关的知识产权状态了解竞争对手或潜在竞争对手的知识产权布局，建立动态的情报收集和竞争对手跟踪制度，确定专利雷区与技术空白点，判断出口产品是否涉嫌侵权以及同类产品是否涉入337调查或调查情况，并据此谨慎地制定出口战略或提前进行规避。尽管这一过程可能会花费不菲的资金，但事前预警将显著提高企业防范和抵御专利风险的能力，降低企业在之后的法律风险，避免更大的损失。

3.1.2　规避设计

规避设计是指专门设计一种不同于涉案产品的新产品，用来规避可能涉及的专利权。ITC和美国海关均不限制经过合理规避设计后的产品进入美国市场，因此在通过分析预判到产品可能涉嫌侵权时，中国出口企业应尽早对产品进行规避设计或更换为非专利方法。在卷入337调查后，一方面，尽早进行规避有利于促成被诉企业与337调查申请人达成和解，从而帮助被诉企业尽早从调查程序中脱身，控制应诉支出。另一方面，尽早进行规避也有助于及时向美国市场提供被诉产品的替代品，减少因被诉而对市场开拓和经营带来的不利影响：如果相关规避设计后的产品已基本成型，申请人可以在行政法官发布初裁和ITC委员会发布终裁公告前请求其对规避设计后的产品是否侵权发表意见，一旦获得行政法官或者ITC的认可，规避设计后的产品将不受ITC最终做出的排除令等救济措施的影响，从而保住美国市场份额；被诉企业也可在ITC颁布排除令后通过请求其进行咨询意见程序就规避设计后的产品是否侵权发表意见，或请求美国海关确认其是否落入排除令范围，此时涉案企业应确保其规避设计后的产品能轻易地与涉案产品区分开，即普通海关人员也能分辨二者的差别。

3.1.3　事前谈判

基于预警分析，对于那些无法规避而必须使用的核心专利技术，出口企业可选择事前谈判，通过获得专利使用许可、专利收购、交叉许可等方式避免卷入 337 调查。但需要指出的是，在谈判的过程中，知识产权即代表着话语权，如果企业自身的知识产权储备不足，将导致其在谈判中陷入不利和被动局面。因此，中国企业应根据其发展的水平选择合适的专利布局的切入点，例如在新的技术领域，企业可通过自主研发、与合作伙伴的联合研发甚至收购核心专利，也可以借鉴日企的"外围专利"策略，通过持有有价值的改进型专利对核心专利的持有人形成抗衡，达成专利交叉许可协议。唯有构筑其企业自身的强有力的知识产权保护体系，实现谈判双方专利实力（数量与质量）势均力敌，才能在谈判中获得有利的筹码，以专利共享的方式化解侵犯专利权的难题。

3.1.4 签订协议

对于以 OEM（即加工贸易）、ODM（根据下单企业的规格来设计和生产产品）方式出口的中国企业，可以通过协议明确约定知识产权免责条款，并要求由美国委托人或进口商承担美国进口商、承销商以及分销商委托加工、制造和销售的产品可能存在的知识产权侵权责任，通过协议规避 337 调查，但应注意保留委托方提供的原始资料，以便作为将来的抗辩证据。此外，企业在与对方签订知识产权许可协议或类似协议的法律文件时，可以在协议中增加仲裁条款，避免在发生争议时被对方提起 337 调查。与 337 调查的法律程序相比，在仲裁程序中双方基本处于平等的法律地位，具有更大的活动余地。

3.1.5 扩充专利储备

"市场未动，专利先行"是跨国企业通常采取的知识产权战略，跨国企业往往在其产品和工厂未进入市场的情况下先进行专利申请，率先在相关领域抢夺专利权，这一情况在医药、生物工程、信息科技和新材料等高技术领域尤为突出。相比之下，我国企业知识产权储备普遍不足，有效发明专利的质量和数量偏低，海外专利布局意识淡薄，成为我国企业进军美国市场的软肋。专利的缺失使得我国企业缺少谈判的筹码，既不能通过专利交叉许可达成和解，也不能通过法院诉讼或其他方式约束对手，在贸易纠纷中往往处于被动。因此扩充企业的专利储备，通过合理的专利布局构筑知识产权保护体系，是避免我国企业卷入 337 调查的根本措施。专利取得的方式主要包括自主研发和购买专利两种，各有利弊，企业可通过专利技术价值评估并结合自身和竞争对手的科研实力、经济实力，以及行业技术的成熟度等因素自主选择。

3.2　应诉决策

3.2.1　是否应诉

一旦涉案，企业首先应根据案件的具体情况尽快决定是否应诉，通常需要权衡的因素包括企业类型、市场份额、法律投资、诉讼成本、发起目的和败诉风险等，正确决策的做出往往有赖于企业前期就法律风险的评估和知识产权储备的积累，还需要对申请人发起调查的真实目的进行正确预判，从市场上配合应诉战略，测算应诉成本、不应诉带来的实际和潜在损失。由于 337 调查时间短、花费高且程序复杂，很多中国企业往往消极应对，尤其在企业认为其产品在美所占市场份额较小，或美国市场潜力有限的情况下，涉案企业通常会选择缺席调查，主动放弃美国市场。而缺席调查通常将会导致企业直接被认定侵权成立，被判败诉将导致企业被驱逐出美国市场，或需要支付巨额的赔偿金和不公平竞争所获得的利润等。337 调查的涉案企业可分为生产商、销售商、品牌商等类型，可包括相关产品的上游厂商和下游厂商。就品牌商或上游厂商而言，被诉结果将给企业的品牌和公关形象带来长期的负面影响，对生产商而言，如果缺席调查，需要考虑申请人可能在尝到甜头后进一步在美以外的市场继续发难，继续压缩企业的海外市场份额。

3.2.2　应诉技巧

面对 337 调查，涉案企业应在法律上积极应对，确定全面缜密的应对策略。被诉企业应及时组建专业的团队以尽快了解相关知识产权现状，法律救济的途径、方式与后果，必要时通过在美国联邦法院提起"平行诉讼"、在美国以外的国家提起"关联诉讼"、向 ITC 提起反诉等方式寻求救济机会。

1. 充分利用资源

在企业确定应诉后，组建专业的律师团队和内部应诉队伍是取得胜利和控制应诉成本的重要措施。通常，申请人发起 337 调查会将行业内的多个企业列为强制应诉方，由于大量涉案的中国企业为中小企业，难以独立支撑诉讼，当多家企业乃至整个行业遭受到 337 调查时，联合同行企业和下游企业应诉将显著节约企业的应诉成本、分散风险。此外，求助政府行会将有助于发挥其协调与整合作用，增加话语权和谈判筹码，增大胜诉的可能。

2. 挖掘抗辩理由

抗辩的理由包括无侵权行为的抗辩、权利无效抗辩、专利不可执行性抗辩及国内产业问题等特殊申辩事由。

（1）无侵权行为抗辩

只有当该权利要求书中的所有技术要素都涉及相关的进口产品时，才可以判定侵权，否则就不属于侵权。因此涉案企业可通过压缩对方专利的权利要求的解释范围，从被指控的产品并不完全符合专利保护要求的范围，被诉产品与要求保护的专利并不等同等方面提出理由，指出两者的关键差别，最终达到证明被诉产品不侵权的结果。此外，公知技术抗辩、禁止反悔等抗辩都是被普遍采用的不构成侵权的抗辩理由。

（2）权利无效抗辩

专利一般都被假定是有效的，在证据充分的情况下，被诉企业可选择积极无效申请人的涉案专利。337 调查中无效专利的主要理由包括：证明专利缺乏新颖性、证明与申请日前的现有技术相比缺乏显著性、缺少足够的书面描述或未公开最佳方式、专利权利要求的范围不确定。

（3）专利不可执行性抗辩

不正当行为和专利权滥用都是认定专利不可执行性的重要理由。不正当行为原则要求包括专利权人、专利起草人、专利律师等利益相关人在向美国专利商标局申请专利权的过程中遵守诚实善意的准则，承担真实陈述和披露可专利性重要信息的义务。在实质审查和程序审查的过程中，专利申请人有义务向专利审查人披露其所知的全部"重要信息"，包括专利审查人认为与专利相关的任何信息。如果专利申请人没有履行该项披露义务，例如篡改、捏造事实、隐瞒、掩盖"重要信息"，即构成"不正当行为"。专利的不当使用则涉嫌违反了反垄断法，专利是一种被允许存在的垄断，专利权人必须在许可的时间和范围内行使其专利权。但如果权利人企图在权利授予的范围以外实施专利，则使专利不具有可执行性。

（4）特殊申辩事由

"337 条款"旨在保护美国国内企业免于不公平竞争，因此被提起调查的专利产品必须存在相应的作为保护对象的"国内产业"，即申请人必须证明其在美国制造或销售专利涵盖的产品，或者其在美国向其他人许可了自己的专利。但 ITC 对"国内产业"认定门槛相对较低，基于此进行抗辩的难度随之增大。其次，产品具有进口行为是国际贸易委员会对调查行使管辖权的必要条件，如果产品并未进口，那么即使产品侵犯了美国的专利，也不属于"337 条款"的适用范围。此外，"337 条款"对排除令和制止令的适用规定中都载明了与公共利益冲突时的除外适用原则，即当上述救济措施对公共健康和福利、美国经济的竞争状况和美国类似产品或直接竞争产品的生产状况和美国消费者状况产生不利影响时，ITC 有理由不发布以上救济令。因此被申请人在基于公共利益的抗辩事由中可以提出申请人主张的救济措施不合理或范围过于广泛，或强制申请人披露必要的商业秘密。

3. 缩短案件时间

就大多数案件而言，国外企业在遭受 337 调查时，协商和解是经常采用的快速结案方式。ITC 允许和鼓励涉案双方在调查开始之前或者之后自行达成和解协议，2010 年 8 月，ITC 将调解制度纳入 ITC 正式制度范围内，所有 337 调查都可以参与调解，调解可由行政法官提议进行，也可以由涉案当事人单独或共同提出申请。因此，如果我国被诉企业确实侵权，且需要保留其美国市场，可分析是否有达成和解的可能性，选择在裁决做出之前选择适当的时机与对方进行协商，通过非诉方式如与权利人达成不起诉协议、签订许可协议、寻求交叉授权等寻求能够使双方满意的结果。

此外，在确认其可提供充分的证据和理由表明涉案专利无效的情况下，被申请人可以向行政法官申请作出认定无效的简易裁决，或在应诉中发现申请人的破绽，迫使其主动撤诉，达到尽早结束调查的目的。

4. 巧用诉讼策略

在337条款规定的程序中，如遇"平行诉讼"，即被诉企业在ITC和联邦地区法院同时被诉，若二者基于同一诉因，那么被诉企业可以通过中止程序申请法院暂停审理，待ITC作出裁决后法院再进行审理，减轻应诉压力。被诉企业还可以提出各种各样的诸如请求延期、请求修改诉状、请求作出简易裁定以及请求中间上诉（审理中就涉及管辖权等方面的问题提出上诉）的要求等争取一定的时间，赢得充分的应诉准备。此外，被申请人可以择机还击，通过主动发起进攻来防御原告的起诉，例如被诉企业可以请求美国专利商标局（USPTO）确认申请人的无效，提请针对申请人的反垄断调查等。

3.2.3 补救方式

即使337调查的终裁结果不利于我国企业，涉案企业仍然可以重新设计产品进入美国市场，或通过OEM、专利许可等方式留在美国市场。

337条款规定，只要在美国存在或正在建立与专利、版权、商标、掩膜产品或设计保护有关的货物或产业，即可以作为申请人向任何进口到美国的产品申请ITC发起337调查，这里所指的认定存在美国产业或正在建立的标准有：（1）对工厂和设备的实际性投资；（2）对劳动力或资本的实际性雇用；（3）进行开发的重大投资，包括工程、研究开发或许可。只要符合其一即可。基于ITC对"国内产业"的扩大化、灵活化解释，出口美国的中国企业还可以通过在美国本土直接投资建厂或投资研发的方式规避337调查。目前，已有部分中国企业率先对经济全球化作出反应，通过在美国本土投资设厂布局全球市场，从而切实享受"美国企业"的待遇，部分企业还因此获得作为申请人对竞争对手提起337调查的资格。

此外，非被申请人的下游产品厂商也应重视337调查对其的影响，因为一旦发布排除令，美国海关就会阻止所有判定侵权的一类产品或特定厂商的产品及其下游产品的进入美国市场。因此下游产品厂商应充分利用ITC给予

的机会对其自身利益最为相关的排除令的范围和时间问题提出意见，例如
ITC 允许包括下游产品厂商在内的利益相关方作为非被申请人介入 337 调查
程序，利益相关方可以向 ITC 提交关于初裁的评论意见；即使发布了排除令，
在支持排除令的客观情况发生变化时，利益相关方还可以向 ITC 申请取消排
除令或修改排除令的范围。

（撰稿人：郑少君）

后　记

知识产权对于企业而言具有巨大价值，企业能因为持有专利而获得竞争优势，也可能因卷入知识产权纠纷而遭受难以挽回的损失。纵观入世以来，全球化的趋势使得中国企业越来越多地参与国际竞争，在这一进程中，贸易摩擦在所难免。金融危机过后，美国经济自身增长乏力，贸易保护主义势头兴起，美国竭力运用自身的知识产权保护体系遏制国外产品的进口，使得中国企业深受美国"337调查"之害。近期，美国贸易代表办公室（USTR）发布的特朗普政府《2017年总统贸易政策议程》，明确了新政府的贸易优先事项包括强化美国的贸易执法、保护美国的知识产权。可以预见，中国企业在走向海外的过程中将面临更多的贸易壁垒，美国或者其他国家的跨国公司在ITC发起337调查是中国出口企业必须要面对的挑战之一。就中国企业而言，如何从大量的337调查案中获得经验和教训，提高应对能力，从而促进企业自身和行业整体的稳步发展是一项在当前及今后很长一段时期内都具有现实意义的课题。本书正是基于此想法提出的。

本书以走出国门的北京企业为考察对象，从美国国际贸易委员会网站的公开资料入手，通过介绍337调查依据的程序规则，在对ITC裁定文书、文献收集、行业数据的分析和整理的基础上，探讨如何根据企业和行业的特点制定应对策略，分享应诉经验。案例涵盖了化工、机电、医药、轻工等多个领域，涉及专利、外观设计、商标、商业秘密等多种知识产权形式，涉案企业包括早期的劳动密集型企业，以及近年的高新技术企业。

本书编写过程中，得到了薄守省、范溯、马一德、李贺、刘海波、冉瑞雪、孙醨、杨国旭、袁丹吉等业界专家的悉心指导和点评。在此，本书编写组谨向各位专家表示衷心的感谢！

衷心期待本书的出版能够促进更多中国企业重视知识产权的运营和预警，提高应对贸易风险的能力，助力中国企业的海外发展。